唐朝人的生活

带你穿越到唐朝

南　南著
风　歌绘

中国旅游出版社

责任编辑：王欣艳 胡一鸣
责任印制：冯冬青
装帧设计：缤纷科技

图书在版编目（CIP）数据

唐朝人的生活：带你穿越到唐朝 / 南南著；风歌绘. -- 北京：中国旅游出版社，2022.10
（古人的美好生活系列）
ISBN 978-7-5032-6989-9

Ⅰ.①唐… Ⅱ.①南… ②风… Ⅲ.①社会生活－中国－唐代 Ⅳ.①D691.9

中国版本图书馆 CIP 数据核字(2022)第 120934 号

书　名：唐朝人的生活：带你穿越到唐朝

作　者：南南 著 风歌 绘
出版发行：中国旅游出版社（北京静安东里 6 号 邮编：100028）
http://www.cttp.net.cn E-mail: cttp@mct.gov.cn
营销中心电话：010-57377108 010-57377109
读者服务部电话：010-57377151
排　版：缤纷科技
经　销：全国各地新华书店
印　刷：北京金吉士印刷有限责任公司
版　次：2022 年 10 月第 1 版 2022 年 10 月第 1 次印刷
开　本：787 毫米 × 1092 毫米 1/32
印　张：7.5
字　数：160 千
定　价：60.00 元
I S B N 978-7-5032-6989-9

目录

目录

第一章 盛世

盛世素描

享国二百八十九年的唐朝到底有多繁盛？看以下四个简单的史实就知道。

五大治世。唐太宗贞观之治，唐高宗永徽之治，唐玄宗开元盛世，唐武宗会昌中兴，唐宣宗大中之治。

人口众多。史载天宝十一载（752），唐朝有近6000万人。有学者甚至认为，唐朝人口高峰时总数达到1.4亿。

名家辈出。文学名家有李白、杜甫、白居易、韩愈、柳宗元等；书画名家有颜真卿、欧阳询、柳公权、虞世南、吴道子、阎立本、韩干、周昉等；音乐名家有李龟年、许永新、念奴、何满等。

万国来朝。史载向唐朝进贡的国家有三百多个，京师长安城内外国人比比皆是，甚至"胡人"的习俗在国内成为时尚。

唐朝繁盛的顶峰是哪个时期？看杜甫《忆昔》就知道。

杜甫从人口、粮食、仓库、治安、民风、秩序等方面描写了开元盛世的具体情况，既没有华丽辞藻的铺陈，又没有诗人不羁的想象，只有直接、客观的白描。这完全是一幅开元盛世的素描。

垂拱元年（685），李隆基出生。景云三年（712），李隆基称帝，是为唐玄宗。第二年，改年号开元。唐朝迈向鼎盛时期的帷幕就此拉开。

开元者，开始新的纪元也。唐玄宗雄心勃勃，任用姚崇、宋璟、张说、张九龄等人为相，整顿吏治，发展经济，提倡文教，于是天下大治，史称开元盛世。

其盛状当世无双，仅以图书为例，《新唐书》载："藏书之盛，莫盛于开元。其著录者，五万三千九百一十五卷。而唐之学者自为之书者，又二万八千四百六十九卷。"这种盛况让编纂者情不自禁地感叹："呜呼，可谓盛矣！"

然而，唐玄宗终究还是一个俗人。事业辉煌了，就需纵情享受。唐玄宗宠爱杨玉环，沉浸在岁月静好的氛围里，沉溺在爱情万岁的快乐中。可是，哪有什么岁月静好、爱情万岁？"安史之乱"爆发后，杨玉环丧命马嵬坡，唐玄宗如丧家之犬逃往成都。

一手好牌，就这样被打烂了。

忆昔

杜甫

忆昔开元全盛日，小邑犹藏万家室。
稻米流脂粟米白，公私仓廪俱丰实。
九州道路无豺虎，远行不劳吉日出。
齐纨鲁缟车班班，男耕女桑不相失。
宫中圣人奏云门，天下朋友皆胶漆。
百余年间未灾变，叔孙礼乐萧何律。
岂闻一绢直万钱，有田种谷今流血。
洛阳宫殿烧焚尽，宗庙新除狐兔穴。
伤心不忍问耆旧，复恐初从乱离说。
小臣鲁钝无所能，朝廷记识蒙禄秩。
周宣中兴望我皇，洒血江汉身衰疾。

译文

回忆当年开元盛世的日子，小城都住着一万户人家。

稻米饱满滑润像流油一样，而粟米色泽洁白；官府和私人的粮仓都装得满满的。

全国各地的道路上都没有盗寇，远行不用挑选好日子出发。

齐地与鲁地出产的白绢闻名遐

迩，商人的车辆络绎不绝；男人耕种，女人养蚕织布，各安其业。

皇宫中天子演奏《云门》，全国各地朋友的关系都很融洽。

一百多年来没有发生灾害、祸变；礼仪、雅乐像叔孙通制定的一样恰当，法令像萧何制定的一样完整。

谁知道安史之乱后，听说一匹绢卖一万钱；种粮食的田地，现在却在流血。

洛阳的宫殿被烧毁；皇家的宗庙虽然刚刚收复，但曾被外敌占据。

心中悲伤，不敢跟年高望重的人回忆旧事，担心他们从战乱之初开始讲述。

我这个愚笨小臣，没有什么能力，承蒙朝廷记得，任命我官职。

希望皇帝像周宣王振兴周朝一样振兴唐朝，我即使身体衰老生病，也愿意在巴蜀之地流血牺牲。

夜宴奢华

当韦庄亲身体验“满耳笙歌满眼花，满楼珠翠胜吴娃”的夜宴时，内心震惊不已，于是感叹：“因知海上神仙窟，只似人间富贵家。”

韦庄体验到的，是唐朝富贵之家奢华夜宴的三个元素：音乐，舞蹈，灯烛。除此之外，富贵之家的夜宴还有四个元素：香薰，酒，美食，游戏。

香薰早已是古时富贵之家生活中不可或缺的部分，出现在夜宴中，自然顺理成章。不过，为了体现身份、地位，则要“香熏罗幕暖成烟”（王建）。“成烟”是视觉效果。如果仅仅是让客人闻到香味，而无视觉效果，不仅抠门，还显寒酸，哪里配得上“富贵”之名？

酒与美食是宴会的“标配”。富贵之家的夜宴，如何在酒和美食上体现出奢华？答案是：“东山夜宴酒成河”（李群玉），“烹龙炮凤玉脂泣”（李贺）。这种做派与“成烟”的香薰一样，都是追求视觉效果。从这个角度来说，今日某些人喜欢有硕大标志的奢侈品，其来有自也。

有意思的是，美食在描写富贵之家夜宴的唐诗中较为少见。这或许是因为美食有烟火气。烟火气多了，一方面会减少精神上的愉悦，另一方面会使身份、地位打折。从这些为数不多的描写中，我们可以对夜宴美食的奢华程度略窥一二。

最能表现唐朝富贵之家宴会奢华的，莫过于韦巨源的“烧尾宴”。韦巨源在武则天、唐中宗时三度担任宰相，曾在家中设“烧尾宴”招待唐中宗。“烧尾宴”令仅存五十八种菜品及用料的名称，烹制方法不得而知。它们品种齐全，既有饭、粥、点心、羹汤等，又有鱼、虾、蟹、牛、羊等。最让人叹为观止的是它们的名称，如贵妃红、见风消、巨胜奴、七返膏、汉宫棋、金银夹花平截等。参考如此奢华的食物，夜宴的美食也可想见。

比起音乐、舞蹈、灯烛、香薰、酒、美食，富贵之家夜宴上的游戏最普通，都是文字令、筹令、抛打令、藏钩等常见的名目。文字令是赋诗猜字的酒令，可显客人的学识和才华，多受文人喜爱。筹令与文字令类似，是在算筹上刻上一句诗或数个字，抽中的人根据意思指出由何人饮酒、罚酒、敬酒等的一种酒令。抛打令是一种类似击鼓传花的酒令。藏钩是将钩子握在一只手中，由其他人猜测在哪只手里的一种游戏，通常作为行酒之用。

陪金陵府相中堂夜宴

韦庄

满耳笙歌满眼花，满楼珠翠胜吴娃。
因知海上神仙窟，只似人间富贵家。
绣户夜攒红烛市，舞衣晴曳碧天霞。
却愁宴罢青蛾散，扬子江头月半斜。

㊟译文

满耳都是音乐声，满眼都是花；满楼都是佩戴珍珠翠玉的女子，胜过吴地的美人。

于是知道大海上神仙的居处，仅仅像人间的富贵之家。

夜里，雕饰华美的居室中红色的蜡烛辉煌如闹市；歌女的舞衣摇曳，像蓝色天空中的云彩。

然而还是担忧宴会结束，美人离去；扬子江边月亮已经倾斜。

美景打卡

只要稍稍留心，就会发现唐诗中的美景格外多。之所以存在这种现象，除了因为诗人善于捕捉和表现美景，还因为唐朝的旅游十分兴盛。

唐朝社会开放、经济发达、文化繁荣、交通便利，直接促使旅游普及。当时，参与旅游的人数众多。从皇帝、王公贵族到普通百姓，从文人、士大夫到僧人道士，甚至女性和外国人，都是旅游大军的成员。史载唐武宗喜好外出，四时八节之外，每隔一两天就要出皇宫逛一逛。另外，唐朝官员的休假制度较为完善，春节、冬至、寒食、清明、中秋等节日都会放假，非常适合外出旅游。唐玄宗曾赐绢给京城的官员，作为他们春天游赏的资费。唐德宗还下令："正月晦日、三月三日、九月九日三节日，宜任文武百僚选胜地追赏为乐。"皇帝如此，官员、百姓怎不热衷旅游？于是，每逢节假日，普通百姓纷纷出城赏景，开展斗鸡、荡秋千、踏歌等活动，场面十分壮观。这其中，不乏女性的身影。刘禹锡《踏歌词》云："春江月出大堤平，堤上女郎连袂行。"开元年间到达长安的日本遣唐使阿倍仲麻吕，在唐朝生活多年，游历过很多地方，与李白、王维、储光羲等人关系密切。储光羲曾为阿倍仲麻吕写了一首诗，说："出入蓬山里，逍遥伊水傍。"一个喜欢旅游的形象跃然纸上。

出游的人多了，一些景点便成为打卡胜地。比较著名的有曲江池（在今陕西西安）、大雁塔、鹳雀楼（在今山西永济）、黄鹤楼（在今湖北武汉）、滕王阁（在今江西南昌）、五台山、泰山、桂林山水、永州山水等。以黄鹤楼为例，这座始建于三国时期的楼阁，在唐朝成了旅游打卡的热门景点。崔颢、宋之问、王维、孟浩然、李白、白居易、刘禹锡、杜牧等人，都曾登上黄鹤楼吟诗抒怀。

唐朝时，一些城市崛起，既是经济、文化的中心，又是享受游赏之乐的佳地。这些城市有长安、洛阳、扬州、益州（今四川成都）、苏州、太原、幽州（今北京）、江陵（今湖北荆州）等。

在各类打卡美景中，有一个地区非常特别，它就是北方边塞。唐朝既与众多的国家友好往来，又不时地在北方与外族开战。很多诗人或主动或受命前往边塞，从戎求功。他们被那里独特的风光和异域的情调吸引，创作了大量的诗篇。一些边塞风光由此成为令人神往的存在，如凉州、青海湖、玉门关、阴山、天山、陇山、贺兰山、轮台、交河、楼兰、大漠、雪山、军营等。

"我欲因之梦吴越，一夜飞度镜湖月。"李白越山渡水的不羁之梦，大概也是热爱旅游的唐朝人的真实写照吧。

春江花月夜

张若虚

春江潮水连海平，海上明月共潮生。
滟滟随波千万里，何处春江无月明？
江流宛转绕芳甸，月照花林皆似霰。
空里流霜不觉飞，汀上白沙看不见。
江天一色无纤尘，皎皎空中孤月轮。
江畔何人初见月，江月何年初照人？
人生代代无穷已，江月年年望相似。
不知江月待何人，但见长江送流水。
白云一片去悠悠，青枫浦上不胜愁。
谁家今夜扁舟子，何处相思明月楼？
可怜楼上月裴回，应照离人妆镜台。
玉户帘中卷不去，捣衣砧上拂还来。
此时相望不相闻，愿逐月华流照君。
鸿雁长飞光不度，鱼龙潜跃水成文。
昨夜闲潭梦落花，可怜春半不还家。
江水流春去欲尽，江潭落月复西斜。
斜月沉沉藏海雾，碣石潇湘无限路。
不知乘月几人归，落月摇情满江树。

译文

春天长江的潮水与大海连成一片；明月从大海上升起，像与潮水一起涌出。

波光荡漾，随着波浪流动千万里；哪里的长江春天里没有明亮的月光？

江水曲折地绕着布满花草的原野流淌，月光照着开满鲜花的树林，花朵都像晶莹的雪珠。

月光明亮，无法察觉天空中有霜雪纷飞，也看不见水边平地上的白沙。

江水、天空颜色一样，没有丝毫微小的灰尘；皎洁的天空中，只有一轮圆月独自悬挂。

江边什么人最早看见月亮，江上的月亮哪一年最早照到人？

人生一代一代，没有穷尽；江上的月亮一年一年，看上去都相似。

不知道江上的月亮等待什么人，只见长江不停运输着流水。

一片白云悠闲地飘走，离人站在长着翠绿枫树的浦口边忧愁不尽。

今夜谁家的游子坐着小船飘流，哪里明月照着的楼上有人在思念情郎？

楼上月光徘徊不定，应该照着游子之妻的梳妆台。

月光照进玉饰门户的帘子上，卷不走；月光照在捶衣服的石头上，擦掉后又回来。

这时互相望着，却互相听不见；希望追随月光流动，照着对方。

大雁不停地飞翔，不能飞过月光；鱼和龙出没，只让水面泛起波纹。

昨天夜里梦见花朵落进幽静的水潭中，可惜春天过了一半人还不能回家。

春天随着江水流走，将要结束；月亮落在江水深处，现在又向西落下。

斜落的月亮遥远隐约，藏在大海的雾里；碣石山（在今河北昌黎）与湘江隔着没有穷尽的路途。

不知道有几人能趁着月光归去，落下的月亮摇荡着离别的情感，洒满江边的树林。

张果见明皇图（局部） 元·任仁发

花萼风姿

花萼楼，全称花萼相辉楼，号称“天下第一名楼”。

花萼楼的建设，与李隆基继承帝位的过程有关。景龙四年（710）六月，唐中宗去世。七月，李隆基率众发动政变，拥立父亲唐睿宗重新即位。按照嫡长子继位制度，唐睿宗的长子李成器应被立为太子，但他坚决推辞，让李隆基做太子。随后，李隆基被立为太子。延和元年（712），唐睿宗将皇位传给李隆基。先天二年（713），李隆基再次发动政变，消灭了反对派太平公主的势力，完全控制了朝政大权。接着，李隆基把年号改为“开元”。开元八年（720），为了感谢哥哥李成器“成花萼相辉之美”，及彰显他与其他兄弟的感情，李隆基在兴庆宫内西南修建了一座三层的高楼。它高约 35 米，外形像一朵花和它的萼。《诗经·常棣》曰：“常棣之华，鄂不韡韡。凡今之人，莫如兄弟。”故此楼名为“花萼相辉之楼”，简称花萼楼。此后，花萼楼又扩建一次。

花萼楼十分豪华。开元年间进士高盖有《花萼楼赋》曰：“攒画栱以交映，列绮窗以相薄；金铺摇，吹以玲珑，珠缀含烟而错落。饰以粉绘，涂之丹臒；飞梁回绕于虹光，藻井倒垂乎莲萼。”

花萼楼建成后，李隆基常常携弟兄们登楼，或赋诗饮酒，或讲解经义，或听曲下棋，既快活又融洽。李隆基还下令制作长枕大被，与兄弟们同床共寝。在花萼楼之外，是李成器等几位兄弟的府邸。李隆基有时登上花萼楼，听到兄弟们府邸中有音乐声，或将他们召来宴饮，或亲自登门同乐。

李隆基是一个花样百出的皇帝。他把自己的生日八月五日当作法定假日，命名为千秋节，举国宴乐休息三天。生日当天，花萼楼内和楼前广场上设置盛大的筵席。他率文武大臣等登上花萼楼，一边宴饮，一边观看广场上举行的盛大舞乐表演。除了舞乐，还有走索、掷丸、舞剑、马戏、斗鸡等，甚至牵入大象、犀牛供众人观赏。

为了显示皇恩浩荡、爱民如子，实现与民同乐，李隆基允许百姓进入花萼楼广场现场观看表演。因为观众人数极多，广场上设置了专门的看棚。看棚是临时搭的架子，供人登上去观看表演。不过，能登上架子的大都是官员或有身份的士绅、女性，平民百姓只能站在平地或高凳上观看。

在李隆基眼里，花萼楼大有可为。它既可以用来举办宴会、举行文武举人考试、处理政事，还可以用来接见外族首领和使者，甚至举办佛事活动等。有一年，在花萼楼前的广场举行的盛大宴会上，有一名女子，头上顶着百尺长的竿子，竿子上放着木山。孩子们拿着仪仗，在木山间穿梭。这名女子没有丝毫慌乱，歌舞不停。当时，李隆基与宠妃杨玉环都在现场，一个年仅十岁的“神童”刘宴坐在杨玉环的腿上，三人一边看表演一边玩。女子顶竿表演结束后，杨玉环让刘宴围绕这个场景作诗。刘宴脱口而出：“楼前百戏竞争新，唯有长竿妙入神。谁谓绮罗翻有力，犹自嫌轻更著人。”李隆基、杨玉环听完后，高兴得开怀大笑，当即给刘宴赏赐重礼。

风流总被雨打风吹去。天宝十五载（756），长安即将落入安禄山叛军之手。李隆基凄楚地登上花萼楼，让人弹唱歌曲。歌中唱道：“山川满目泪沾衣，富贵荣华能几时？不见只今汾水上，唯有年年秋雁飞。”李隆基听了一会儿，没等歌曲结束，便匆匆出城而去。至德二载（757），李隆基由成都返回长安，直至宝应元年（762）去世。

这五年间，李隆基没有再登上花萼楼。

夏月花萼楼酺宴应制

王昌龄

土德三元正，尧心万国同。
汾阴备冬礼，长乐应和风。
赐庆垂天泽，流欢旧渚宫。
楼台生海上，箫鼓出天中。
雾晓筵初接，宵长曲未终。
雨随青幕合，月照舞罗空。
玉陛分朝列，文章发圣聪。
愚臣忝书赋，歌咏颂丝桐。

㊟译文

大唐王朝的土德在三元节合乎法度，天下圣君的抱负都一样。

冬天在汾阴（在今山西万荣）祭祀的礼仪完备，永久的快乐与和缓的风相顺应。

赐福是天子恩泽的体现，在宫殿中沉湎于欢乐。

高楼耸立，好像生长在大海上；音乐美妙，好像出自天空中。

天亮时雾气缭绕，筵席刚刚接续上；夜晚长久，乐曲还没有结束。

雨随着青色的帘幕拉上而停止，月光照射，罗衣舞动像什么也没有。

官员们在宫殿的台阶上分班站立，写文章阐发皇帝的圣明。

我这个愚笨的臣下也惭愧地写下诗赋，用音乐伴奏，颂扬天子的恩泽。

第二章 都市

长安逐梦

大唐盛世看长安。

长安作为大唐盛世最集中的体现，绝非浪得虚名。

长安是一座雄伟之城。它的总面积超过 87 平方千米，超过巴格达城、古罗马城以及同时期的君士坦丁堡数倍。它有 11 条南北向大街、14 条东西向大街，南北向朱雀大街的宽度超过 150 米。它有 108 坊（相当于现今的居住区），巅峰时期人口超过 100 万。它有太极宫、大明宫、兴庆宫三大宫殿群，占地总面积超过 6 平方千米。

长安是一座国际之城。来长安的外国人，除了各国的出使队伍，还有留学生、商人、宗教人士等。这些人带来了“胡妆”“胡乐”“胡食”“胡骑”等，“胡风”成为一时风头无两的时尚。他们中有的在长安定居，有的甚至做起了唐朝的官。最知名的日本人阿倍仲麻吕，因“慕中国之风”而不肯离开长安，且改名朝衡（一说“晁衡”），不仅在朝为官，最后还在长安辞世。史载唐宣宗至唐懿宗时期，有白敏中、毕诚、曹确、罗邵权四位外国人担任宰相。

制造“安史之乱”的安禄山、史思明，也是外族人。

长安是一座商业之城。长安拥有两个集中的商业区，即东市和西市。从国外及国内各地来的奇货珍物，都在这两个市场集聚并向外扩散。现在使用的“买东西”一词中“东西”，就是指东市与西市。据载，在东市经营的货物门类有二百二十行，“四方珍奇，皆所积集”。有学者推测，东市的商铺数量有可能达到7万余间。而西市的胡商多，从事小买卖的商贩多，流动人口多，“商贾所凑，多归西市”，人气极旺。

长安是一座诗歌之城。那些留名青史的唐朝诗人，或是从各地来到长安，或是从长安走向各地，在诗歌人生中深深地烙下长安的印记。他们在长安成名，在长安上演人生的得意失意、悲欢离合。他们陶醉于长安的一事一物，被长安感动，写下众多有关长安的诗篇。长安因为这些诗篇，散发出别样的浪漫气息。

长安是一座美食之城。不论是蒸饼、煎饼、胡饼、肉饼、冷面、冷饭等，还是鱼鲙（生鱼片）、驼蹄羹、鹅鸭炙、生羊脍等，抑或是橘子、荔枝、琵琶、龙眼、李子、樱桃等，都能在长安找到。一些富贵之家的美食，名震长安城。例如，萧家馄饨，漉去汤中的油脂，可以煮茶；庾家粽子，洁白如玉；将军韩约能做数道美食，如“樱桃毕罗”（以樱桃为主料的烧饼）、“冷胡突鲙”（鳜鱼片做的汤）、“鳢鱼臆”（用酒做的甜味黑鱼胸）、连蒸苲草獐皮索饼（一种獐肉饼）；将军曲良翰，擅长烤骆驼峰。如此美食，只能用两个字形容：讲究！

长安是一座不夜之城。唐朝有宵禁，但主要针对的是城内主街道。所以，每当夜幕降临，坊内便开始喧嚣的夜生活。达官贵人可以在自己的豪宅内通宵狂欢畅饮，其他各色人等可以到青楼酒馆喝酒取乐。其时最有名的娱乐场所集中地是平康坊，此地号称“风流薮泽”，“京都侠少，萃集于此。兼每年新进士以红笺名纸，游谒其中”。如此风流之所，当然也少不了文人骚客们的身影。

如此长安，让人沉醉，也让人纠结。王维十四岁到长安，凭才华迅速成为王公贵族的宠儿，美好的未来似乎徐徐地打开。杜甫在长安困守十年几无所获，只得沮丧地离去。孟郊第三次到长安参加科举考试，终于登第，大呼“一日看尽长安花”，得意之情展露无遗。美好也罢，沮丧也罢，得意也罢，都是人生逐梦结果的自然投射。而这，才是长安真正的底色：一座逐梦之城。

长安古意

卢照邻

长安大道连狭斜，青牛白马七香车。
玉辇纵横过主第，金鞭络绎向侯家。
龙衔宝盖承朝日，凤吐流苏带晚霞。
百丈游丝争绕树，一群娇鸟共啼花。
游蜂戏蝶千门侧，碧树银台万种色。
复道交窗作合欢，双阙连甍垂凤翼。
梁家画阁天中起，汉帝金茎云外直。
楼前相望不相知，陌上相逢讵相识?
借问吹箫向紫烟，曾经学舞度芳年。
得成比目何辞死，愿作鸳鸯不羡仙。
比目鸳鸯真可羡，双去双来君不见?
生憎帐额绣孤鸾，好取门帘帖双燕。
双燕双飞绕画梁，罗帷翠被郁金香。
片片行云著蝉鬓，纤纤初月上鸦黄。
鸦黄粉白车中出，含娇含态情非一。
妖童宝马铁连钱，娼妇盘龙金屈膝。
御史府中乌夜啼，廷尉门前雀欲栖。
隐隐朱城临玉道，遥遥翠幰没金堤。
挟弹飞鹰杜陵北，探丸借客渭桥西。
俱邀侠客芙蓉剑，共宿娼家桃李蹊。
娼家日暮紫罗裙，清歌一啭口氛氲。

北堂夜夜人如月，南陌朝朝骑似云。
南陌北堂连北里，五剧三条控三市。
弱柳青槐拂地垂，佳气红尘暗天起。
汉代金吾千骑来，翡翠屠苏鹦鹉杯。
罗襦宝带为君解，燕歌赵舞为君开。
别有豪华称将相，转日回天不相让。
意气由来排灌夫，专权判不容萧相。
专权意气本豪雄，青虬紫燕坐春风。
自言歌舞长千载，自谓骄奢凌五公。
节物风光不相待，桑田碧海须臾改。
昔时金阶白玉堂，即今唯见青松在。
寂寂寥寥扬子居，年年岁岁一床书。
独有南山桂花发，飞来飞去袭人裾。

译文

长安的大道连着小巷，青牛、白马与华美的车子川流不息。

玉饰的车子奔驰，黄金做的马鞭接连不断，出入贵族府第和王侯之家。

龙衔着华盖，凤吐出流苏，映照着朝阳，连带着晚霞。飘在空中的长丝争相环绕着树木；一群可爱的鸟一起啼鸣，催开花儿。

宫门旁边蜜蜂和蝴蝶飞舞嬉戏；

绿树掩映着明亮如银的楼台，色彩多种多样。

空中的阁道与花格装饰的窗子，都做成合欢花形；宫门两边的望楼连着屋脊，用垂下翅膀的凤装饰。

皇亲国戚家彩饰的楼阁高耸，像建在空中；皇宫中的柱子巍峨，直指云间。

在楼阁前望着上面的佳人，却互相不了解；仅仅是在路上相遇，怎么能结识呢？

向别人打听到，她学过乐器，在歌舞中度过青春年华。

如果能与她像比目鱼那样成双成对，还怕去死？愿意做鸳鸯鸟而不羡慕神仙。

比目鱼与鸳鸯鸟确实值得羡慕；它们成双成对地来去，你看见了吗？

很厌恶床帐横幅上绣着孤单的鸾鸟；应该取下门帘，添上一对燕子。

一对燕子绕着用彩绘装饰的屋梁齐飞，丝制的帷幔与翠鸟羽毛制的被子发出郁金香的香味。

鬓发像一片片飘浮的云彩，梳成蝉翼般的样式；额头涂上像新月一样细长的嫩黄色花纹。

这涂着嫩黄色花纹、面容白皙的女子从车子里走出来；她带着娇媚美好的神态，和普通的女子真不一样。

美少年所骑的宝马身上黑色钱形斑点相连，伎女所乘的车子黄金合页上雕着盘曲龙形花纹。

御史府中乌鸦在黑夜里啼鸣，廷尉门前雀鸟将要栖息。

皇宫隐隐约约，靠近护城河；帷幔用翠鸟羽毛装饰的车子远离，消失在堤岸上。少年们带着弹弓、猎鹰在杜陵北面的长安穿行；游侠们在渭河桥的西面用探取弹丸的方法杀吏，助人报仇。

侠客们都约定带着宝剑，一起住在吸引众人的妓院。

歌伎们在傍晚时穿着紫色的丝罗裙；清脆的歌声婉转动听，嘴里发出浓郁的香气。

北边房屋里，佳人每个夜晚都像明月一样美丽；南边的道路上，人们骑的马天天都像云彩一样聚集。

南边的道路与北边的房屋连着康平里，纵横交错的道路接着众多市场。

柔弱的柳条、茂盛的槐枝垂下来，擦过地面；美好的云气、闹市的飞尘升腾，使天空昏暗。

众多禁军军官接连到来，用鹦鹉杯喝着碧绿透明的美酒。

为你解开丝罗短衣、饰有珍宝的佩带，为你表演美妙的歌谣与舞蹈。

另外还有奢侈的文武大臣，拼尽全力互相倾轧，毫不退让。

历来盛气凌人，连像灌夫一样的武将都要除去；独揽大权决断，连像萧何一样的文臣都容不下。

独揽大权、盛气凌人，以为自己本来是豪杰英雄；坐着香车骑着宝马，像受到春风吹拂一样。

自己说酣歌醉舞能长达千年，自己说骄纵奢靡超过五公。

节令事物、繁华景象变化，不会等待谁；桑田沧海互换，短时间就完成了。

过去帝王的宫殿、富贵人家的宅邸，现在只看见苍翠的松树矗立。

扬雄居住的地方十分寂静冷清，每年只有一床的书籍陪伴。

只有终南山的桂花盛开，香味飞来飞去熏染人的衣服。

洛阳辉煌

不论是从政治地位还是经济发展来看，唐朝时的洛阳都可以与长安比肩。

仁寿四年（604）十一月，刚刚登基的隋炀帝下令修建洛阳。大业二年（606）正月，洛阳建成，时称东京。整座城池因为地形的原因而呈非对称布局，面积约47平方千米，洛水穿城而过，被唐人评价为“制造颇穷奢丽，前代都邑莫之比焉”。唐朝时，洛阳的规制没有变化，仅唐高宗下令在宫城西面修建了面积约8平方千米的上阳宫，今人称之为隋唐洛阳城。

唐朝时，洛阳经历数次改名。唐太宗时，东京改名洛阳宫。显庆二年（657），唐高宗改洛阳宫为东都，实行两京制（长安称为西京）。武则天临朝称制后，改东都为神都，并定都于此。唐中宗即位后，改神都为东都，不久将都城迁回长安，将东都作为留都。唐玄宗将东都改为东京，多在这里接见外国使者。唐肃宗即位后，改东京为东都。

如此频繁的改名，说明唐朝皇帝在洛阳的活动频繁，把它当

洛阳楼图 唐·李昭道

作执政的重要场所。因此完全可以认为，洛阳是唐朝的第二个政治中心。多位皇帝都曾在洛阳大兴土木。武则天时建造的三层明堂，第一层效法四季，第二层效法十二时辰，第三层效法二十四节气，号称“万象神宫”。明堂高 98 米，占地 12000 平方米，是中国历史上体量最大的木质单体建筑。罕见的是，武则天曾下令明堂对百姓开放，并赏赐酒食给参观者。李白看见明堂后心潮澎湃，写下《明堂赋》，盛赞它“蔑蓬壶之海楼，吞岱宗之日观”，“俨若皇居而作固，穷千祀兮悠哉”。在明堂的北边是雄伟的天堂，用于安放巨大的夹纻佛像。它有五层，高逾 300 米，到三层即可俯视明堂。证圣元年（695），武则天宠幸御医沈南璆，她的另一位男宠薛怀义心怀不满，放火烧了天堂。明堂因为紧邻天堂，也被烧毁。武则天心知肚明，“耻而讳之”，下令重建（一说只重建了明堂）。不久，薛怀义被杀，尸体被送到白马寺，“焚之以造塔”。

洛阳交通发达，城内街道、水路通达，有多座桥梁；城外陆路有五条大道通向四方，水路有大运河通向南方。这给人们来洛阳提供了便利，洛阳因此成为繁华的旅游城市和商贸中心。

洛阳城内外的风景比比皆是，唐朝诗人多有吟咏。后人总结“洛阳八大景”，即龙门山色、马寺（白马寺）钟声、金谷（金谷园）春晴、邙山晚眺、天津（天津桥）晓月、洛浦（洛河畔）秋风、平泉（唐朝宰相李德裕的私家别墅平泉庄）朝游、铜驼（洛阳城内铜驼街）暮雨，都与唐朝时的洛阳有关。

洛阳城内的园林极多，所谓“天下名园重洛阳”，“洛阳相望尽名园”。知名的有归仁园、集贤园、天王院花园子等。归仁园是唐穆宗、唐文宗时宰相牛僧儒的私家园林，里面到处都是嘉木怪石，“北有牡丹、芍药千株，中有竹百亩，南有桃李弥望”。集贤园又称湖园，是唐宪宗时宰相裴度的私家园林。此园“筑山穿池，竹木丛萃，有风亭水榭，梯桥架阁，岛屿回环，极都城之胜概”。天王院花园子里没有池亭，只有十万株牡丹。这些园林吸引了众多文人和百姓游览、聚会。

最受万众瞩目的，是洛阳的牡丹，它有“尤为天下奇”的美誉。隋炀帝修建洛阳时，在城西建造了面积约400平方千米的皇家园林西苑（唐朝时称为上林苑、神都苑等），并命令各地进献花卉。易州（今河北易县）进献了二十四种牡丹。从此，牡丹在洛阳兴盛起来。唐朝皇帝喜欢牡丹，官员、百姓也喜欢。每到牡丹开放，长安、洛阳的人纷纷出门买花，“家家习为俗，人人迷不悟”。不过，洛阳的牡丹渐渐地超过了长安的牡丹，为“天下第一”。这件事传说与武则天有关。有一年冬天，武则天在皇宫中后花园游玩。除了牡丹，园里的花都开放了。武则天于是下诏将牡丹贬到洛阳，所以洛阳的牡丹排在首位。

洛阳建成后，隋炀帝从全国各地迁入了富商大贾三万余家，从河北各郡迁入工艺商户三千余家，并在城内兴建了通远市、丰都市、大同市三个市场。洛阳的商贸逐渐繁华起来。唐朝时，洛阳城内有103个坊，有北市（通远市）、南市（丰都市）、西市（大同市）三个市场。随着洛阳成为政治中心，城内的人口逐渐增多。武则天时，曾下令迁入数十万百姓。有学者推测，天宝年间，洛阳城内的人口或高达170万。众多的人口和便利的交通，推动洛阳的商业走向繁荣。

西市曾有六十六行商业经营，后废弃。北市临近洛河和漕渠，来往商船众多，有彩帛行、丝行、香行、骡马行等。规模最大、商业最繁华的市场是南市。市场内经营有一百二十行、三千多个商铺，四边有四百多个商铺，货物堆积如山。武则天时期，北市的南边形成了一个繁盛的新市场："天下舟船所集常万余艘，填满河路，商旅贸易，车马填塞。"天津桥的南边也出现了很多店铺，尤其是酒楼。李白流连忘返于其间，放浪形骸，"黄金白璧买歌笑，一醉累月轻王侯"。

在洛阳城内众多的人口中，有不少外国人。他们有的是使者，有的是商人，有的在城内定居，有的余生一直生活在洛阳，死后葬在邙山。这些外国人带来了自己的习俗，让洛阳充满了外国风情。例如，当年胡服在洛阳非常流行。女性喜爱穿翻领窄袖或圆领窄袖的长袍、戴帷帽，男性则喜欢尖顶帽或卷沿的帽子。胡人的音乐和舞蹈也广受欢迎。唐睿宗、唐玄宗时宰相宋璟擅长演奏羯鼓，他的女儿曾在城内尊贤坊的宅第中练习羯鼓。胡人的器物，如高足杯、多曲长杯、兽首胡瓶等，在洛阳富贵之家中广泛地使用。天册万岁元年（695）、花费两万七千贯钱建造的巨柱天枢，在皇城南面落成。天枢系铜铁合铸而成，高 40 多米，由东夷人毛婆罗造模，上面刻有百官及四夷酋长姓名。这是外来建筑艺术在洛阳的体现。完全可以说，洛阳和长安一样，也是一座国际化的都市。

唐玄宗曾豪迈地说："天下大定，河洛为会同之府。"他一定没有想到，当安史之乱敲响盛唐的丧钟之后，洛阳竟然落得"荆棘弥望""仅剩坏垣而已"的下场。

代悲白头翁

刘希夷

洛阳城东桃李花，飞来飞去落谁家？
洛阳女儿惜颜色，坐见落花长叹息。
今年花落颜色改，明年花开复谁在？
已见松柏摧为薪，更闻桑田变成海。
古人无复洛城东，今人还对落花风。
年年岁岁花相似，岁岁年年人不同。
寄言全盛红颜子，应怜半死白头翁。
此翁白头真可怜，伊昔红颜美少年。
公子王孙芳树下，清歌妙舞落花前。
光禄池台文锦绣，将军楼阁画神仙。
一朝卧病无相识，三春行乐在谁边？
宛转蛾眉能几时？须臾鹤发乱如丝。
但看古来歌舞地，唯有黄昏鸟雀悲。

译文

洛阳城东面的桃花李花盛开，花瓣飞来飞去落进了谁的家里？

洛阳女子的容颜姣好，坐着看凋零的花儿而长声地叹息。

今年花儿凋零，颜色衰败；明年花儿盛开时，又有谁在呢？

已经看见松柏被摧毁，被当成柴火；还听说农田变成了大海。

前人不再悲叹洛阳城东面凋零的桃花，今人仍要面对落花随风飘零。

年年岁岁花儿盛开都相似，岁岁年年看花的人却不一样。

转告那些青春盛年的年轻人，应该怜惜这位快要死亡的白发老人。

这个老人白发苍苍，真是可怜；从前他也是一位英俊风流的年轻人。

这个老人曾与富贵人家的子弟在花木下寻欢作乐，在凋零的花儿前欣赏清脆的歌声、曼妙的舞蹈。

他曾像东汉光禄勋马防那样用精美的丝织品装饰池苑楼台，又像东汉国戚梁冀在楼阁中画上神仙装饰。

而一旦生病躺下，就没有人理睬他了；一起在春天里寻欢作乐的那些人这时在谁的身边？

青春年华能保持多久？须臾之间，已是白发蓬乱，像细丝缠绕一样。

只见自古以来的歌舞之所，只有鸟雀在黄昏时悲鸣。

扬州风流

在唐朝的都市中，扬州是一个特别的存在。其特别源自于水。

扬州位于大运河与长江的交汇处，聚合了漕运、江运、海运。中原、荆楚、巴蜀、太湖等地区以及海上的船只，都可以顺利地抵达。天宝十载（751），扬州刮起大风，海潮汹涌而至，沉江的船就有数千艘。一次灾害就能导致数千艘船只沉没，可见扬州水运的兴盛程度。不要小瞧这一点，正是无数来往于扬州的船只，源源不断地带来了盐、锦、瓷器、茶叶、香料、药材等各种商品和大量的人口，并送往各地。有了商品和人，扬州便蒸蒸日上，号称“扬一”。

开元十八年（730）正月十五之夜，唐玄宗问身边的一名道士：“四方的盛况，都在今天晚上。你知道哪里最美丽吗?”道士回答：“灯烛华丽，百戏陈设，士女争妍，粉黛相染，天下没有超过扬州的。”道士说的是扬州的夜生活。唐朝的扬州分子城、罗城两部分，面积约 20 平方千米。子城是官府衙门集中之所，罗城是居住区和商业区。夜生活在罗城。每当夜幕降临，罗城便灯火通明、熙熙攘攘，“春风十里扬州路”“夜市千灯照碧云，高楼红袖客纷纷”。人们流连其间，推杯换盏，笙歌燕舞，通宵达旦，“夹岸画楼难惜醉，数桥明月不教眠”。诗人刘禹锡在赴任苏州刺史时途经扬州，受到当地驻军统帅杜鸿渐款待，酩酊大醉。夜里，刘禹锡突然醒来，发现身旁有两名女子，大吃一惊，问后才知道是杜鸿渐派来的，于是第二天起床后写信给杜鸿渐表示感谢。才子杜牧看到“倡楼之上，常有绛纱灯数万，辉罗耀列空中。九里三十步街中，珠翠填咽”的仙境般夜景，立刻被深深地吸引，“常出没驰逐其间，无虚夕”。杜牧的上司牛僧孺担心他出事，悄悄地派三十人暗中跟着保护。如此庞大的阵容出现在娱乐胜地，自然引人注目。可是杜牧却以为没人知道，心里非常得意。这样一玩，数年瞬息而过。在离开扬州多年后，杜牧回忆昔时的风流生活，由衷地感叹：“十年一觉扬州梦，赢得青楼薄幸名。”此言诚不虚也！

风月场所只是扬州的一部分。隋炀帝曾三下扬州，死后葬在扬州，留下了隋宫、隋堤、垂柳、炀帝陵等诸多遗迹。这些遗迹是百姓游览、文人凭吊的对象。城内外的寺院、道观、园林众多，也是风景。城内的水道遍布，水映月，月映水。于是，明月也成了扬州一道无与伦比的风景。徐凝曰：“天下三分明月夜，二分无赖是扬州。”水道多，桥梁就多。“桥映晴虹上下连”，月色下，灯光里，桥也是风景。在众多桥梁中，“二十四桥”名气颇大。韦庄曰：“二十四桥空寂寂。”杜牧曰：“二十四桥明月夜。”南宋时，姜夔又曰：“二十四桥仍在。”可是，“二十四桥”到底是一座桥，还是第二十四座桥，抑或是二十四座桥呢？答案无人知晓。

扬州四景之春台明月（局部） 清·袁耀

夜生活丰富，看风景的人多，源于经济繁荣。以手工业为例。唐朝扬州的手工业不仅有造船、铸造、制盐、漆器、纺织等众多行业，而且生产规模、技术、质量都领先于其他各地。唐代宗时宰相刘晏曾在扬州设立十家船场，造一艘船拨一千缗（mín）钱。这样造出的船质量非常好。后来造船经费减半支付，船就变得脆薄易坏。广德二年（764），刘晏命令船场制造两千艘歇艎支江船（一种运输船），每艘可载一千石，有效地解决了运力问题。扬州制造的大型铜灯树，造价达到四万贯，从扬州运到长安还需花费一万贯，堪称奇物。

在扬州制造的产品中，铜镜和毡帽名闻遐迩，是唐朝的时尚标签。扬州铜镜不仅是贡品之一，还畅销全国，有四神十二生肖镜、瑞兽葡萄镜、花鸟镜、神仙人物故事镜、八卦镜、千秋万岁镜等多种。唐中宗在位时，曾令扬州制造方丈镜。方丈镜很大，“帝每骑马自照，人马并在镜中”。天宝三载（744）五月十五，扬州向唐玄宗进贡了一面水心镜。水心镜又称江心镜、百炼镜，“易破难成，往往有自鸣者”。这面镜子直径九寸，背面有一条三尺多长的盘龙，“势如飞动”；镜面非常光洁，“青莹耀日”。唐玄宗看后，非常惊讶。神奇的是，镜匠吕晖在铸镜时，一名叫龙护的白须老人和一名叫玄冥的十岁男童突然上门。两人将自己关在屋内三天三夜，变成镜后的盘龙。吕晖将镜炉移到船中，五月五日午时驶到扬子江中铸造。忽然，平静的江水掀起高达三十余尺的巨浪，并伴有龙吟的声音。更神奇的是，天宝七载（748），秦中大旱，唐玄宗让道士用水心镜祈雨，天上立刻降下大雨。大历十四年（779）六月，唐德宗命令扬州停止每年进贡江心所铸铜镜。白居易的《百炼镜》与徐夤（yín）的《铸百炼镜赋》，描绘了五月五日在江心铸镜的情形。由此可见，水心镜并非子虚乌有。

扬州铜镜并非皇家独有，在市场上也有销售，但价格不菲。有一个鬼故事，反映了这样的情况。天宝年间，有一名叫韦栗的官员，被任命为新淦县丞。他带着十几岁的女儿韦氏赴任，途经扬州，韦氏想买一面漆背金花镜，韦栗以价格贵为由，没有同意。过了一段时间，韦氏去世。韦栗任期结束后载丧北归，再次途经扬州。韦氏的魂灵又到市场上买镜子。有一个二十多岁的年轻人拿出一面漆背金花镜，叫价五千钱。另外一个人说自己有一面镜子更好，只要三千钱。年轻人只得降价，以三千钱的价格卖出。喜爱扬州铜镜，至死不忘，实为真爱，这反映了扬州铜镜在唐人心目中的分量。

与扬州铜镜相比，扬州毡帽价格低廉，普及度更高。元和十年（815）六月的一天清晨，刑部侍郎裴度出门上朝。过了一会儿，突然有刺客冲出来，挥刀砍向裴度。裴度头上中了一刀，落马后掉在沟里。当时，扬州毡帽在京城十分流行，裴度当天也戴了一顶。因为帽子厚，所以伤口不深，裴度得以活命。扬州毡帽既是裴度这样官员的爱物，更是“长安少年”的时尚标签。李廓曰：“刬（chǎn）戴扬州帽，重熏异国香。”

唐文宗大和初年（827），有一个叫李敏求的秀才参加了多次科举考试，都没有考中，以至于到了无饭可吃、难以活命的地步。一天晚上，李敏求在长安的一家旅店里坐着，忽然灵魂离开了身体，来到阴间太山府判官柳澥的府中。两人原本认识，告别时，柳澥对李敏求说：“此间甚难得扬州毡帽子，他日请致一枚。”连阴间的判官都想拥有一顶扬州毡帽，其流行程度可想而知。

到过扬州的人，没有谁不被它的繁盛打动。诗人张祜初次游历扬州后，发出真诚的感叹：“人生只合扬州死。”在讲究死后落叶归根的古代，张祜的话大概是对扬州的最高评价吧。

扬州三首

杜牧

炀帝雷塘土，迷藏有旧楼。
谁家唱水调，明月满扬州。
骏马宜闲出，千金好旧游。
喧阗醉年少，半脱紫茸裘。

秋风放萤苑，春草斗鸡台。
金络擎雕去，鸾环拾翠来。
蜀船红锦重，越橐水沈堆。
处处皆华表，淮王奈却回？

街垂千步柳，霞映两重城。
天碧台阁丽，风凉歌管清。
纤腰间长袖，玉珮杂繁缨。
拖轴诚为壮，豪华不可名。
自是荒淫罪，何妨作帝京。

译文

隋炀帝埋葬在雷塘，那里有过去捉迷藏的楼阁。

什么人在演唱《水调歌》，明亮的月光洒满扬州城。

骏马应该在闲适的时候骑出来，富贵之后还是喜欢与老朋友游玩。

年轻人喝醉了喧哗吵闹，将绒毛细软的裘衣脱下一半。

秋风起时，到林苑里放萤火虫；春天草长时，到吴公台看斗鸡。

套上金饰的马笼头，架起雕花的马鞍，绝尘而去；女子捡起翠绿色的羽毛，制作环形的饰物。

蜀地的船只装载的红色丝锦沉重，袋子里的沉香多得成堆。

到处都是建筑物和路标，可淮南王刘安怎么不回来呢？

街上柳树的枝条垂下，有千步远；彩霞映照着子城和罗城两重城池。

天空碧蓝，亭台楼阁美丽；风儿凉爽，歌声、乐器声清亮。

细腰与长长的衣袖交替舞动，玉佩夹杂着马身上的饰物。

运河与作为城轴心的山确实是雄壮，其昌盛显耀无法描述。

要不是隋炀帝荒淫的罪过断送了江山，扬州作为国家的都城都无不可。

益州安逸

成都在唐朝时也被称为益州。它与扬州一样，都是唐朝最繁华的城市，益州仅次于扬州，时人称“扬一益二”。

成都的自然条件优越：“沃野千里，天府之土。”加之少受战乱侵扰，所以历来人口充足，农业发达，物产丰富。唐朝时，成都成为重要的粮食产地及茶叶、桑麻、甘蔗等经济作物的产地。文明元年（684），武则天计划讨伐羌族与吐蕃。大臣陈子昂极力反对，理由之一是：“蜀为西南一都会，国家之宝库，天下珍货聚出其中。又人富粟多，顺江而下，可以兼济中国。”唐玄宗、唐僖宗因为长安失守而逃往成都，与其物产、人口有直接的关系。

有了丰富的物产和充足的人口，成都的手工业也不断地发展。以丝织业为例，久负盛名的蜀锦织造技术极其高超，样式新颖别致。唐中宗幼女安乐公主奢靡无度，在嫁给魏王武承嗣次子武延秀时，蜀地进献了单丝碧罗笼裙。此裙“缕金为花鸟，细如丝发，鸟子大仅黍米，眼鼻嘴甲俱成，明目者方见之”，真可谓旷世无匹。

在传统经锦的基础上，蜀锦还发展出用新织法织成的纬锦。

明皇幸蜀图（局部）　唐·李昭道

纬锦的颜色更丰富，图案更繁复，也更显奢侈。开元八年（720），司马皇甫恂织成新样锦（用纬锦技术织成的蜀锦，因花纹新而得名），准备通过益州大都督府长史苏颋（tǐng），进献给喜欢新样锦的唐玄宗。新样锦花纹复杂，人力、物力投入大，而且属于公物。苏颋一口拒绝："明主不以私爱夺至公，岂以远近间易忠臣节也!"大历六年（771），唐代宗认为绫锦（用纬锦技术织成的一种掺杂绫的蜀锦）有"淫巧之风，有亏常制"，禁止织盘龙、对凤、麒麟、狮子、天马、孔雀、仙鹤、芝草、万字等花纹。皇家、官府追求蜀锦，引来民间豪富争相效仿，"布素豪家定不看，若无文彩入时难"。开元初年，唐玄宗下令拿出皇宫中珍奇的服装，在宫殿上焚毁，"不许士庶服锦绣珠翠之服"。唐玄宗本来就是一个喜好奢靡的君主，这种做法就是装装样子而已，并没有真正的作用。

蜀纸也是成都的特色产品之一。成都产麻，麻纸享有盛名。有白麻纸、黄麻纸、大麻纸、小麻纸等多种纸张，被政府、民间广泛使用。开元年间，官方经、史、子、集四个书库，"两京各一本，共一十二万五千九百六十卷，皆以益州麻纸写"。开元十三年（725），唐玄宗将两所丽正修书院改为集贤殿书院，"月给蜀郡麻纸五千番"。除了用于抄书，成都麻纸还用于写政府文书。天宝十三载（754）三月二十八日，唐玄宗任命官员，其文书便是用一张蜀郡大麻纸书写的。

用蜀纸加工的蜀笺，流传很广，十分知名。蜀笺有"麻面、屑末、滑石、金花、长麻、鱼子、十色笺"等多种。十色笺又称彩笺，最受欢迎，但价格不菲。韦庄有《乞彩笺歌》曰："也知价重连城璧，一纸万金犹不惜。"十色笺中最知名的是女诗人薛涛制作的“薛涛笺”，曾风靡全国。

关于蜀笺，有一个与书法家柳公权有关的故事。唐武宗曾对宫中一名嫔妃不满，一天，他当着柳公权的面把她召来。唐武宗对柳公权说：“我责怪这个人。但是，如果能得到你的一篇作品，我就不会责怪她了。”说罢，命令侍卫拿出数十张蜀笺，交给柳公权。柳公权不假思索，提笔就写了一首诗：“不分前时忤主恩，已甘寂寞守长门。今朝却得君王顾，重入椒房拭泪痕。”唐武宗大悦，当即赐给柳公权二十匹彩锦，并让嫔妃拜谢。

成都通往秦川及南诏、天竺的陆路畅通，以岷江—长江为中心的水道便利，贸易发达。成都的商业因此繁荣昌盛。成都城内不仅有东市、大东市、南市、新南市、西市、新北市等多个综合性市场，而且有蚕市、药市、七宝市、米市、酒市、花市、马市等专业性集市。在综合性市场中，最繁华的是新南市。新南市位于万里桥南岸，原来是一片坟地。时任剑南西川节度使的韦皋下令“发掘坟墓，开拓通衢”，创立了新南市。新南市很快就繁华起来，“万里桥边多酒家”，附近居民超过万户，“阛阓楼阁，连属宏丽，为一时之盛”。

专业性集市大都是季节性的，出售的商品多种多样，兼具商贸与游乐功能。乾符六年（879），西川节度使崔安潜拿出一千五百缗库钱，在成都设置蚕市、药市、七宝市。蚕市销售花果、蚕器，药市销售香、药，七宝市销售各类器皿、用具。这三个市场后来名声非常大，称为“三市”。有意思的是，崔安潜设置这三个市场，目的是搜捕盗贼。为了抓到盗贼，崔安潜不惜重金，“有能告捕一盗，赏钱五百缗”，盗贼告发同伙，不仅免罪，而且

"赏同平人"。这种方法收到了奇效："于是诸盗与其侣互相疑，无地容足，夜不及旦，散逃出境，境内遂无一人为盗。"这个故事也从侧面说明市场民众的身份复杂，数量众多。韦庄词作《怨王孙》描绘了蚕市的盛况："锦里蚕市，满街珠翠，千万红妆。玉蝉金雀，宝髻花簇鸣珰，绣衣长。"这显然是令人流连忘返的游乐场所。

成都的繁华吸引了众多文人。李白、杜甫曾住在成都，高适、岑参、王建、李商隐、刘禹锡、韦庄、司空曙、司空图等都到过成都。他们在成都的生活和有关诗篇，至今为人津津乐道。乾元二年（759）冬天，杜甫带着全家几经辗转，到达成都。都会的盛况及美妙的音乐，让杜甫印象深刻："喧然名都会，吹箫间笙簧。"其后，他在浣花溪畔建成草堂，即成都草堂（又称浣花草堂、杜甫草堂）。这是人尽皆知的了。不过，有一个细节值得一提，成都草堂在杜甫离开成都后倾毁，韦庄找到遗址，重建茅屋，使其得以保存。

成都的文娱活动十分丰富。杜甫曾作《赠花卿》："锦城丝管日纷纷，半入江风半入云。此曲只应天上有，人间能得几回闻。"这首诗讽刺平定蜀中叛乱的武将花敬定僭用天子音乐，也说明成都的音乐之风盛行。崔安潜在成都时，经常让人在堂前表演"傀儡子"（木偶）戏，并允许士兵和百姓围观。永贞元年（805），韦皋病死，其手下大将刘辟造反。元和元年（806），神策军将领高崇文奉命征讨。八月，进入成都，俘获刘辟。在庆功宴上，俳优提出献演讽刺刘辟的《刘辟责买》戏，高崇文严词拒绝。提出演戏的俳优应是在庆功宴上表演的艺人，说明成都的戏剧表演频繁。当时，甚至出现了以演戏为生的戏班。西城悲田坊曾住着五名俳优，以演戏为生。一天，监军府中摆宴，五人前去演戏。不料监军大怒，将五人各打十五杖并赶出成都。后世有“蜀戏冠天下”之说，其来有自也。唐玄宗在位时，有一年正月十五，京城放灯，非常热闹。道士叶法善对唐玄宗说：“成都灯亦盛。”随后，他带着唐玄宗到成都赏灯，并在富春坊买酒。卢照邻有诗描绘成都灯会的盛况：“锦里开芳宴，兰缸艳早年。缛彩遥分地，繁光远缀天，接汉疑星落，依楼似月悬。”

若干年后，南宋陆游激昂地说：“不死扬州死剑南。”这时候，成都才迎来了高光时刻。

晦日益州北池陪宴

司空曙

临泛从公日，仙舟翠幕张。
七桥通碧沼，双树接花塘。
玉烛收寒气，金波隐夕光。
野闻歌管思，水静绮罗香。
游骑萦林远，飞桡截岸长。
郊原怀灞浐，陂淀写江潢。
常侍传花诏，偏裨问羽觞。
岂令南岘首？千载播余芳。

译文

在办理公务的间隙坐船游玩，船上的翠绿色帷幕拉开。

七座桥下的流水连通碧绿的北池，双树林连接着荷花盛开的北池。

灯烛点燃，驱走寒冷的气流；傍晚的余晖消失，金色的波光隐没。

在野外听到歌声音乐声，陷入思考；水面平静，华贵的衣服散发香气。

流动的护卫骑兵绕着树林，跑向远方；船桨飞舞，船只前进，池岸漫长。

在原野上怀念长安的灞水与浐水，山坡与水湾围成上林苑里宽阔的池沼。

常侍传达花色纸所写的授官诏令；将领们醉意盎然，推杯换盏。

难道要让我向南去往岘山（在今湖北襄阳）？那样我会像晋朝羊祜一样，德行流传千年。

第三章 节庆

年俗多彩

唐朝人假期多，“元正、冬至，各给假七日”，“前三后四日”。元正即正月初一，又称元日。于是，唐朝人就拥有了两个基本连在一起的“黄金周”。有这样悠长的假期，年底、年初的生活只能有一个主题：过年。

唐朝人过年非常讲究仪式。从皇帝到百姓，无一例外。元正当天，皇宫中会举行盛大的朝会仪式，称为大朝会。前一天，皇宫中开始布置仪仗，安排皇亲国戚、官员及宾客的位置。当天，长安城内到处都是全副武装的士兵，宫中烛火通明，布满各种旗帜、仪仗。皇亲国戚、官员及宾客各就其位之后，皇帝穿着礼服、乘着轿子来到现场，面南而坐，接受众人的朝拜。这个过程有严格的程序和要求，如跪拜，要连续进行多次。皇帝坐好后，众人跪拜。接着，官位最高的人出列，脱鞋、跪下，解下佩剑放到指定位置，再走到皇帝座位前跪贺，随后退回跪下，起身戴上佩剑，再跪拜，然后起身穿鞋，回到原位。结束后，众人会再跪拜三次，其间要行拜舞、三呼万岁。

官员要在元正后第二天拜太子，之后会互相拜访。除夕夜，唐朝人会举行进傩仪式，参加的人都要扮成鬼神的样子。进傩即驱傩，通过仪式迎接神灵以驱除疫鬼，周朝时就已经存在。沈佺期诗句“殿上灯人争烈火，宫中侲子乱驱妖”及王建的诗句“金吾除夜进傩名，画裤朱衣四队行”，都是描写进傩活动的。另外，家家户户会在庭院或大门前堆上木柴点燃，以辟灾、助阳气，称为庭燎。庭燎是守岁的开始，一直持续到清晨。子初时（约 23 点），每家都会将破旧的扫帚拿到庭院中烧毁，这样可以使仓库不空虚。四更时，人们取出麻子、小豆各二十七粒，让孩子拿着走到井边，许愿后投入井中，以求来年不遭遇伤寒、瘟疫。

元正当天鸡鸣时，每家都会在庭院前爆竹驱邪避害，同时说“万岁”。当时的爆竹，并非今天的鞭炮，而是将竹子点燃，发出爆裂声，又称爆竿。传说唐朝时，一个叫李畋的人在小竹筒内装硝石、硫磺，点燃后发出爆响。这就是鞭炮的雏形。但此传说并不见于正史。门口两边，要挂上用桃木板做的两块仙木（又称桃符）。仙木上刻着门神，左边是神荼，右边是郁垒。有的则在门口插柳枝。它们的功用都是驱鬼辟邪。早起之后，男子吞食赤小豆十七粒，女子吞食赤小豆二十七粒，以求一年中不生病。另外，长安的人家会在庭院中立一根竹竿，上面悬挂幡子，以祈求长命。

天亮后，大人、孩子按照长幼之序拜贺新年。阖家宴饮时，要按照从小到大的顺序喝椒柏酒（用花椒、柏叶浸制的酒）、屠苏酒（用屠苏等浸制的酒）。有的地方还喝椒葱酒（用花椒、葱白浸制的酒）。当天吃的食物有桃汤（用桃木煮成的汁液）、胶牙饧（用麦芽制成的糖）、五辛盘（大蒜、小蒜、韭菜、云苔和胡荽的拼盘)、馄饨。其中，馄饨有“五般馄饨”（五色馄饨）与“二十四气馄饨”（二十四种形状与馅料的馄饨）。

元正这一天，每家要把破旧的鞋子拿出来，在庭院中埋掉，这样可以使家里出“印绶之子”（当官的儿子）。有的还在门口悬挂苇炭，将芝麻插在门上，以除病驱鬼。

元正过后，长安有一种“传坐”（一说“传座”）的风俗，即邻里之间按照次序邀请他人到家中宴饮。

会昌二年（842）的新年，白居易十分高兴，写下《喜入新年自咏》：“白须如雪五朝臣，又值新正第七旬。老过占他蓝尾酒，病余收得到头身。销磨岁月成高位，比类时流是幸人。大历年中骑竹马，几人得见会昌春?”新年不仅是新希望的开始，还是生命成果的总结。这一年，白居易七十一岁。

元日述怀

卢照邻

筮仕无中秩，归耕有外臣。
人歌小岁酒，花舞大唐春。
草色迷三径，风光动四邻。
愿得长如此，年年物候新。

译文

做不到中级的官职，情愿回家种田，做一个方外之臣。

人们歌唱，喝腊月酿制的酒；花儿绽放，在大唐的新春中随风舞动。

绿草遮住了通往居室的三条小路，美丽景色使左邻右舍动心。

但愿这样的日子能长久，祝愿每年气象翻新。

上巳欢乐

上巳节在农历三月初三，又称三月三、上巳日等。唐朝时，上巳节是非常隆重的节日。

说隆重，是因为唐朝的上巳节已经成为皇家的礼俗，而不仅仅是民间的节日。每到这一天，皇帝都会大办宴会，亲自参与。在长安曲江边赐宴就是典型的例证（参见第二章“曲江璀璨”）。有意思的是，皇帝在上巳节前，会按照官员的级别直接赏赐现金。通常宰相、常参官共赏五百贯，翰林学士赏一百贯，左右神威、神策等十军各赏五百贯，诸卫将军共赏二百贯，客省奏事共赏一百贯。这些钱必须在上巳节前五日派发。

既然皇帝如此重视上巳节，文人学士必定趋附。除了参与皇帝的赐宴，文人学士还自发集会，享乐不尽。开成二年（837）上巳节，白居易与刘禹锡等十五人在洛阳聚会。众人泛舟水上，一边宴饮作诗，一边看美人轻歌曼舞，连白居易都情不自禁地说：“尽风光之赏，极游泛之娱。美景良辰，赏心乐事，尽得于今日矣。”他们风流潇洒的做派，引来众人围观，竟然“观者如堵”。

与白居易的享乐相比，宋之问与友人的聚会则高雅得多。有一年上巳节，宋之问与友人泛舟昆明池（在今陕西西安）。岸上人车众多，驾肩错毂。宋之问等“高明一座，桂树丛生，君子肆筵，玉山交映”；谈的都是天下大事，充满思想的火花，“束皙以言谈得俊，张华以史汉先鸣”；喝酒恰到好处，音乐清新高雅，“登旨酒而无荒，弦清琴而自逸”。

茶文化在唐朝盛行一时。有的文人学士觉得上巳节聚会喝酒过于普通，便改办茶宴，众人一起饮茶。茶宴也属于高雅的聚会。唐德宗贞元十四年（798），进士吕温曾详细地描写了一次茶宴的情况。众人在明媚的春光中，穿过庭院中的花丛，围坐在树荫下，任清风拂面。每个人都自由散漫，无拘无束。有的人躺着，指着云彩议论；有的人坐着，扯着花枝。美妙的氛围极具感染力，“闲莺近席而未飞，红蕊拂衣而不散”。于是，在佳境到来之时，茶宴开始。茶汤倒进白色的杯子中，显出琥珀之色；沫饽浮在表面，香气袭人。饮这样的茶不但不让人醉，还能使人产生清雅的思绪。处于此情此景之中，“虽五云仙浆，无复加也”。聚会如此脱俗，白居易如果能看到，当会为自己的享乐而羞愧。

对于普通百姓而言，上巳节既可以踏青游玩，又可以参加各类活动。农历三月初三正值春意盎然之时，柳绿莺啼，花繁似锦。于是，百姓倾城而动，“满国赏芳辰，飞蹄复走轮。好花皆折尽，明日恐无春”。上巳节的各类活动，除了皇家和文人学士的宴饮、聚会，还有百戏，如广受欢迎的竞渡。竞渡类似于今天的赛龙舟，在当时非常流行，皇宫也在上巳节组织宫女竞渡。唐朝文人符载记录了一次上巳节在西蜀观看竞渡的盛况。当日，众人一下车，鼓声响起；登上船，音乐奏响；解开缆绳，百戏上演。过了一会儿，竞渡开始。一声号令，“雷鼓而飞，千桡动，万夫呼”；船的速度非常快，“闪电流于目眦，羽翼生于肘下”。岸上的观众很多，如“山立”一般；场面紧张刺激，以至于“肺肠为之沸渭，草树为之偃悴”；划手气势勇猛，“崇山可破也，青天可登也”。

上巳节由来已久。周朝时，人们每年在固定的时间用香薰、草药沐浴来驱除疾病与不祥，即祓禊（fú xì）。唐朝时，人们在水中或水边过上巳节，主要是为了寻找乐趣。祓禊因此仅具象征意义。寻找乐趣的方式多种多样，未必非得以上巳节为载体。所以，上巳节原初内涵的淡化，就预示着上巳节的衰落。宋朝以后，上巳节就基本消失了。

内人双陆图（局部） 唐·周昉

三月三日祓禊洛滨

白居易

三月草萋萋，黄莺歇又啼。
柳桥晴有絮，沙路润无泥。
禊事修初半，游人到欲齐。
金钿耀桃李，丝管骇凫鹥。
转岸回船尾，临流簇马蹄。
闹翻扬子渡，蹋破魏王堤。
妓接谢公宴，诗陪荀令题。
舟同李膺泛，醴为穆生携。
水引春心荡，花牵醉眼迷。
尘街从鼓动，烟树任鸦栖。
舞急红腰软，歌迟翠黛低。
夜归何用烛，新月凤楼西。

译文

农历三月里草长得茂盛；黄莺本来在休息，这时又开始啼鸣。

晴天里，桥在柳阴中，有柳絮飘扬；沙面大路湿润，没有泥土。

祓禊的事刚刚进行一半；游人到来，逐渐聚集。

金色的嵌花首饰映照着桃花、李

花，音乐声惊起了水鸟。

堤岸曲折，船尾相接；停在河边，马蹄聚集。

声音喧闹，好像要翻倒渡口；人潮拥挤，好像要踏破魏王池（在今河南洛阳）的堤岸。

歌伎们在宴会上伺候，众人按题作诗陪伴宰相。

像李膺与郭太一样一起乘船而行，像楚元王礼待穆生一样带着美酒。

流水引领着由春景触动的心情一起荡漾，鲜花牵引着醉酒后的眼睛让它们迷蒙。

街上的尘土跟随着鼓声飞动，雾气缭绕的树木任由乌鸦栖息。

快速地舞蹈着，穿着红色衣服的女子腰肢柔软；长久地歌唱着，青黑色的眉毛低垂。

夜晚归去哪里用得上蜡烛，一弯新月从宫中楼阁的西边升起。

清明成节

清明本是二十四节气之一，属于寒食节中的一天。到唐朝时，它成为一个节日，即清明节。以唐朝假日制度为例。唐玄宗开元年间，寒食、清明放假四天；唐德宗大历年间，寒食、清明放假五天，贞元年间寒食、清明前后各放假三天；唐宪宗元和年间，寒食、清明放假七天。不过，从这些假日制度可以看出，这时的清明节仍然与寒食节紧紧地联系在一起。有人因此将两者合在一起，称为寒食清明节。

清明节尽管与寒食节紧紧联系在一起，但已经有了改火、墓祭以及踏青、荡秋千等娱乐活动的习俗。

改火指一年四季用不同的树木钻取新火。它在先秦时已出现，东汉后逐渐消失，隋唐时又兴起。唐朝时，有皇帝给大臣赐新火。清明当天天刚亮时，皇宫中负责供奉伙食的小仆役会在殿前用榆木或柳木钻火。先钻出火的，可以得到“绢三匹、金碗一口”的赏赐。随后，皇帝将钻出的新火赐给大臣。开成二年（837），进士谢观曾著文，描绘了赐新火仪式的盛况：清明节天刚亮，有人献上钻燧取得的新火；皇帝下令，颁赐新火；太监们用新火点燃蜡烛，然后列队而出，将新火引到宫殿的外面，传至皇亲国戚及众官员的家中；参加仪式的大臣们纷纷叩谢，行拜舞，表达效忠国家的志向；接着，皇帝命令膳官用新火烹制菜肴，大宴群臣；大臣们争相用新火点燃香与油脂等。平民百姓家也会改火，但没有皇家恢宏的仪式，只是自己用榆木或柳木钻木取火而已。皇家也好，平民百姓家也罢，改火都寄托了“以明而代暗”“去故而从新”的美好追求。

墓祭又称扫墓、上墓、上坟等，是寒食节习俗。开元二十年(732)，唐玄宗曾颁布了一道敕文，确定了墓祭的礼制：“于茔南门外奠祭撤馔讫，泣辞，食余于他所，不得作乐。仍编入礼典，永为例程。”但是，寒食节禁火，墓祭的过程因此显得不够完整。正如王建诗云：“三日无火烧纸钱，纸钱那得到黄泉。”清明节可以用火，焚烧纸钱就没有障碍。于是，选择在清明节墓祭就是自然而然的了。

清明是春季第五个节气。此时雨水增多，气温升高，非常适合到野外娱乐。踏青、荡秋千是唐朝清明节时盛行的娱乐活动。诗人崔护有一段传奇故事，就与清明节踏青有关。有一年，崔护到长安参加科举考试，但没有考中，于是在清明节当天，独自到城南游玩。在一片花木丛中，崔护发现了一户人家，就上前敲门。过了一会儿，有一个女子从门缝中问他为何敲门。崔护答曰：“寻春独行，酒渴求饮。”女子打开门，端上一碗水，递给崔护喝，自己倚着小桃枝站立，“意属殊厚”。崔护喝完后告辞，女子送到门口，似乎恋恋不舍。第二年清明节，崔护又登门，却看到门上了锁，不禁万分惆怅，在大门上写了四句诗："去年今日此门中，人面桃花相映红。人面不知何处去，桃花依旧笑春风。"

秋千的来历有多种说法：一说北方戎狄流行学习"轻超之能"，中原女子学习后，立架悬挂彩绳，称为秋千；一说秋千本是"山戎之戏"，在齐桓公北伐山戎后传入中原；一说秋千是汉武帝祝寿词"千秋"的倒置，乃"后宫之戏"。这三种说法尚无定论，但可以推断，秋千是与女子关联紧密的一种游戏。唐朝寒食节、清明节时，从皇宫到民间的女子，都钟爱荡秋千，这可以从《全唐诗》中描写秋千的诗句多与女性有关得到证明。天宝年间，每到寒食节，后宫妃嫔、宫女竞相竖起秋千，游戏取乐。唐玄宗称之为"半仙之戏"。因为唐玄宗时寒食节、清明节假期连在一起，所以可以认为，秋千非寒食节独有的娱乐活动。有唐玄宗本人的诗句为证："可怜寒食与清明……佳人马上废秋千。"

除了踏青、荡秋千，唐人清明节的娱乐活动还有蹴鞠、斗鸡、镂鸡子、拔河、走马等。

至于唐人清明节的饮食，与寒食节类似。白居易《清明日送韦侍御贬虔州》曰："留饧和冷粥，出火煮新茶。"

大约到了明代，清明节成为一个独立的节日，寒食节便渐渐湮没在历史长河中了。

长安清明

韦庄

蚤是伤春梦雨天，可堪芳草更芊芊。
内官初赐清明火，上相闲分白打钱。
紫陌乱嘶红叱拨，绿杨高映画秋千。
游人记得承平事，暗喜风光似昔年。

译文

早已是细雨飘飞的春天，内心苦闷忧伤；芳香的草更加茂盛，让人难以忍受。

皇宫中的人刚刚把清明的新火赐给大臣；大臣们清闲自在，玩着蹴鞠的游戏。

大路上红色的骏马乱叫；茂盛的绿色柳树掩映，装饰着上下舞动的秋千。

游玩的人记得往年太平时候的事情，暗暗地高兴眼前的风景像过去一样。

端午安康

唐朝时，在政府文书及诗作中，“端午”的说法大量出现，而且当日放假一天。这表明在当时“端午”作为节日名称已经正式出现，并被广泛地接受。

关于端午节，民间有多种传说。唐朝时，有关屈原的传说成为主流。龙朔元年（661）五月五日，唐高宗询问端午节是因为什么事才成为节日的。大臣许敬宗引用南朝吴均所撰《续齐谐记》的说法解释：五月五日屈原投汨罗江而死，楚人十分悲伤，每到这一天就在竹筒里放米，投到江中祭奠；东汉建武年间，长沙人欧回看见一个士人，他自称是楚国的三闾大夫，说投到江里的东西被蛟龙偷走了，所以请欧回在竹筒里塞进楝（liàn）树叶，并用五彩丝绑着，蛟龙就不敢再偷了；现在的人五月五日做粽子，并裹着五彩丝及楝树叶，就是因为这件事。

端午节与屈原有关的传说得到认同，意味着节日两个重要的习俗——吃粽子、竞渡都与屈原有关。唐人制作的粽子形式多样，有新筒裹练（用丝线缠绕的竹筒粽）、香芦角黍（用芦叶包的粽子，角黍即粽子）、九子粽（用九子蒲的叶子包的粽子）、百索粽子（用丝绳裹的粽子）等。

屈原投汨罗江之后，当地人乘船追到洞庭湖也没有追上。因为湖大船小，无法救屈原，于是众人一边大声喊“何由得渡湖”，一边奋力划桨，争相归去。这个举动迅速流传开，就成了竞渡。竞渡在唐人中十分盛行，不仅观众极多，还有专门用于竞渡的船只。唐朝官员张鷟（zhuó）曾接到水衡监提交的一份文书，内容是请求为修造十艘端午节竞渡船拨款五千贯。五千贯钱在当时不是小数目，张鷟认为这是玩物丧志，不能将有限的钱用在无用的事情上，所以没有同意水衡监的请求。宝历元年（825）七月，唐敬宗命令官员王播在京城制造二十只竞渡船，所需材料从各地运送。多名官员极力劝阻，唐敬宗只得下令减半。这些竞渡船造价昂贵，非皇帝、官府难以完成。民间的竞渡船追求轻利，称为飞凫（fú）。飞凫的形式多样，有的船头造成鹤、鸭、鹢（yì）等动物头的形状，有的经过装饰，称为彩舟。

值得一提的是，唐朝时已经出现龙舟。龙舟属于飞凫，前面是龙头的形状，后面是龙尾的形状，船的两边刻成龙鳞的形状并涂上色彩。龙舟竞渡的场面非常壮观、刺激。李群玉《竞渡时在湖外偶为成章》云：“雷奔电逝三千儿，彩舟画楫射初晖。喧江雷鼓鳞甲动，三十六龙衔浪飞。”三十六条龙舟在水面上摆开，共有三千划手，每条船上有八十余人，规模令人惊叹。当然也有小型的龙舟竞渡。张建封《竞渡歌》云：“鼓声三下红旗开，两龙跃出浮水来。”只有两条龙舟。不过，场面依然动人心魄：“棹影斡波飞万剑，鼓声劈浪鸣千雷。鼓声渐急标将近，两龙望标目如瞬。坡上人呼霹雳惊，竿头彩挂虹霓晕。”“万剑”虽是夸张的说法，但也表明龙舟划手人数众多。这与前述“三千儿”一致，都说明龙舟的船体很大。

当时龙舟竞渡已有“锦标”之志，获胜者则得到锦标。唐朝官员卢肇曾在外地做官，有一年端午观看了龙舟竞渡后写道：“冲波突出人齐譀，跃浪争先鸟退飞。向道是龙刚不信，果然夺得锦标归。”

有趣的是，竞渡中还出现了赌博现象。扬州人王文在端午节时用钱、物与人赌博竞渡，同时还演奏乐器。因为觉得不公平，与人打架，竟然折断了划手的胳膊，最终获罪。

古人认为五月五日是“恶月”“恶日”，所以需要通过一些活动来驱邪辟灾、祈求吉祥。唐朝就是这样。例如，皇帝赏赐给官员续寿衣服与鞋履、百索、扇子等物品，官员向皇帝进献鞍马、银器、衣服、绢纱、鞋子等物品；各种活动包括铸镜、采药、悬挂艾符、在胳膊上系五彩丝编制的长命缕（又称续命缕）、斗草（又称斗百草）、喝雄黄酒或菖蒲酒等。

京城长安端午节时还流行一种射粉团的游戏。粉团类似于现在的麻团，用糯米制成，外面裹上芝麻，放在油中炸熟。每到端午节，皇宫里会制作粉团、角黍，放在金盘子里。妃嫔、宫女用小弓架箭，射盘子里的粉团，射中的就可以吃。现在看来，这个游戏有点难以理解。有一种解释认为，粉团滑腻难食，大概需要通过游戏才能将它们分食。

端午日

殷尧藩

少年佳节倍多情，老去谁知感慨生。
不效艾符趋习俗，但祈蒲酒话升平。
鬓丝日日添头白，榴锦年年照眼明。
千载贤愚同瞬息，几人湮没几垂名。

译文

年轻的时候，每到佳节就生出很多情感；现在渐渐老了，谁知道产生感慨。

不追求风俗习惯去模仿别人悬挂艾草和符箓；只是希望得到菖蒲酒，谈论天下太平。

头上白色的鬓发一天比一天增加；鲜艳似锦的石榴花每一年都开放，照亮眼前。

千年以来，圣贤与愚人同样是瞬息过客；有几个人消失无闻，有几个人名垂青史呢？

第四章　女性

服装万千

“粉胸半掩疑晴雪，醉眼斜回小样刀。”当一个酥胸半露、醉眼蒙眬的美人出现在面前时，诗人方干忍不住心旌摇荡。

方干看到的是风行一时的袒胸装。这种装束是把裙提至胸部或腋下，用带子系好，将脖颈乃至胸部的一部分裸露在外。于是，女性的身体美宛然可见。袒胸装最初流行于歌舞女子之间，后受到宫廷和贵族女性的喜爱。从女权主义批评者的视角看，袒胸装既表现了女性迎合、取悦男性的心态，又表现了女性展现自身美感的主动性，实在是一个矛盾体。周濆有诗曰：“日高邻女笑相逢，慢束罗裙半露胸。”这个“邻女”身份不明。如果她是百姓家的女子，就说明袒胸装并非与普通人无缘。无论如何，在男女授受不亲的时代，穿袒胸装确实出位。

与袒胸装一样出位的，是女着男装。有一次，唐高宗在后宫举办宴会，太平公主穿紫衫、系玉带、戴皂罗折上巾、带弓箭出席，完全是一副男性打扮。唐高宗笑着对皇后武则天说：“女子不能做武官，为什么这样打扮？”女着男装不是皇宫女子的“专利”。天宝年间，士人的妻子流行穿戴丈夫的衣衫、帽子、靴子等。穿男装是不是就能改变女性的地位呢？恐怕不行。因为这改变不了男尊女卑的观念，所谓“尊卑内外，斯一贯矣”。所以，女着男装更多的是追求新异而已。

袒胸装的主体部分是裙，通常会用襦、衫搭配，有时候用半臂或帔装饰。裙、襦、衫、半臂、帔是唐朝女性日常生活中最常见的服装。

裙是下衣，通常是上窄下宽、细腰，质料有罗、绫、丝、纱、麻等。唐朝女性喜欢穿长裙，有的甚至拖地。或者“行即裙裾扫落梅”，或者“微行曳碧波”，或者“裙拖六幅湘江水”，都是形容裙长。大和六年（832）六月，唐文宗下令限定裙的长度：“妇人制裙，不得阔五幅已上。裙条曳地，不得长三寸已上。襦袖等不得广一尺五寸已上。”开成四年（839）正月十五，唐文宗与众人一起宴饮赏灯。延安公主因为衣裾宽大而被当众赶走，她的丈夫窦浣还因此被禁止领赐钱两个月。显然，长裙是奢靡之风的表现。裙子的颜色有红色、绿色、黄色、白色、藕色、紫色、蓝色等多种，装饰图案有凤凰、鸳鸯、鹦鹉、蝴蝶、蔓草等。红色的裙子最流行，有石榴裙、绛裙、茜裙、血色罗裙等多种称呼。关于石榴裙称呼的来历有两种说法：一种是红裙是用从石榴花中提取的红色染料染成，一种是裙子的颜色如石榴之红。从皇宫中的女子到歌舞女子，乃至平民女子，都喜欢石榴裙。武则天诗曰：“开箱验取石榴裙。”刘章诗曰：“石榴裙下从容久。”石榴裙的魅力经久不衰，以至于后世用它代称女性。

襦是短上衣，用于御寒，有长襦（齐膝盖）、短襦（在膝盖之上)、腰襦（齐腰）三种。它用罗、丝、纱、锦等材料制成，有红色、紫色、绿色、白色等，上有凤凰、翠鸟、莺、雉等多种装饰图案。

衫的形制与襦类似，但较轻薄，属于夏装。它通常用罗、纱、帛制成，有红、黄、绿、紫等多种颜色，上有凤凰、莺、鹅、叶等装饰图案。唐诗中“罗衫”一词出现的频率非常高，想必是因为唐朝女性喜爱罗衫。

半臂是穿在襦或衫外面的短上衣，兼具装饰与御寒功能。其材质通常为锦，所以有锦半臂、半臂锦的称呼。半臂原本有袖，在唐高祖时取消，变为短袖或无袖。起先是皇宫中女官穿半臂，后逐渐流传至外，成为富贵之家女性与平民女性日常穿着的服装。有趣的是，男性也穿半臂。唐太宗在位时，大臣马周曾上书，要求规定在中单（指里衣，又称汗衫）上加半臂，这样才符合礼制。于是，不论是男性官员，还是男性平民，都开始穿半臂。诗人方干貌丑、兔唇，喜欢吃醋鱼。一次宴饮，在座的有一个叫吴杰的士兵，眼患风疾。有女伶从一块红巾上撕下一条，贴在吴杰的眼上挡风。方干开玩笑说：“一盏酒一捻盐，止见门前悬箔，何处眼上垂帘?”吴杰反唇相讥：“一盏酒一脔鲊，止见半臂著襕，何处口唇开袴?”众人哈哈大笑。后来，人们都称方干为“方开袴”。

帔在唐朝时指长围巾，又称帔帛，用帛、罗或麻做成，披在肩上或缠在臂上作为装饰。开元年间，唐玄宗下令让妃嫔“披画披帛”。自此，官府和平民之家的女性在室内都披帔，女性出嫁也披帔。

唐朝是一个开放包容的王朝，对外交流频繁，胡汉文化融合。

胡人的音乐、服饰、饮食等受到追捧，女性穿胡服成为盛极一时的时尚。唐玄宗开元年间，“太常乐尚胡曲，贵人御馔尽供胡食，士女皆竟衣胡服”。女性穿的胡服包括长裤、长袍、靴子、窄衣等。天宝初年，女性流行穿“衿袖窄小”的衣服。这种衣服紧窄贴身，属于胡服。令人玩味的是公众的态度：“识者窃怪之，知其戎也。”发动安史之乱的安禄山、史思明均为胡人。乱平之后，胡风渐刹，女性的衣服开始向宽大发展。

俗语说：“十年河东，十年河西。”女性的服装概莫能外。

缭绫

白居易

缭绫缭绫何所似？不似罗绡与纨绮。
应似天台山上月明前，四十五尺瀑布泉。
中有文章又奇绝，地铺白烟花簇雪。
织者何人衣者谁？越溪寒女汉宫姬。
去年中使宣口敕，天上取样人间织。
织为云外秋雁行，染作江南春水色。
广裁衫袖长制裙，金斗熨波刀剪纹。
异彩奇文相隐映，转侧看花花不定。
昭阳舞人恩正深，春衣一对直千金。
汗沾粉污不再着，曳土蹋泥无惜心。
缭绫织成费功绩，莫比寻常缯与帛。
丝细缲多女手疼，扎扎千声不盈尺。
昭阳殿里歌舞人，若见织时应也惜。

译文

缭绫缭绫，与什么相像？不像罗、绡，不像纨、绮。

应该像天台山上，明亮的月光下，从四十五尺高的地方流下的瀑布泉水。

上面有花纹图案，而且神奇绝妙；

底子上铺了白烟，花儿聚集成白雪。

织它的是什么人？穿它的是谁？分别是越溪的贫家女子与皇宫中的妃嫔。

去年宦官来宣布皇帝口授的诏令，从皇宫中取出式样，民间按此纺织。

织成飞在高空中的一行行秋天的大雁，染成江南春天里水的颜色。

宽的裁成衣袖，长的制成裙子；用熨斗熨平褶皱，用剪刀剪开花纹。

特别的色彩与稀罕的花纹互相映照，变化角度看花儿，花儿闪烁不定。

皇宫中受宠的舞女深受皇帝恩宠，获赐一套春天穿的衣服，价值千金。

汗水沾染、香粉玷污，就不再穿；在泥土上拖拽、踩踏，没有爱惜之心。

织成缭绫耗费功夫心力，不要把它与平常的缯帛比较。

蚕丝细，抽丝多，织女的手疼；织机扎扎响了千声，缭绫没织满一尺。

皇宫中唱歌跳舞的妃嫔，如果见到织造的过程，应该也会爱惜。

妆容奇绝

开元年间，有一名歌舞女子叫庞三娘，十分擅长装扮。庞三娘年纪大了后，脸上出现很多皱纹。她把云母粉与粉（唐朝女性通常用铅粉）、蜂蜜调和在一起涂在轻薄的纱上面，再把纱贴在脸上，于是看上去就像年轻时一样。有一年，唐玄宗赏赐汴州（今河南开封）举行大宴饮。有人登门找庞三娘，打算雇佣她。这个人看见庞三娘，不客气地问："恶婆，庞三娘在哪里?"庞三娘骗他说："庞三娘是我的外甥女，今天不在家，明天你带着请柬来吧。"第二天，他如约而至。庞三娘精心装扮，穿着华丽。他没有认出来，就说："昨天拜见了您的阿姨。"这件事传开后，人们给庞三娘起了个外号叫"卖假金贼"。

庞三娘通过装扮、穿着实现变样，让人认不出，未免有些夸张，但恰恰说明她妆容技巧高超。这是唐朝女性妆容奇绝纷呈的一个缩影。

用"奇绝纷呈"描述唐朝女性的妆容，毫不为过。唐朝享国近三百年，其间流行过的女性妆容类型众多，代表性的有白妆、红妆、桃花妆、芙蓉妆、飞霞妆、晓霞妆、梅花妆（又称落梅妆）、檀晕妆、酒晕妆（又称醉妆）、啼妆（又称泪妆、啼眉妆）、险妆、赭面妆、血晕妆、三白妆等。

杨贵妃在妆容上颇下功夫，曾化过啼妆、白妆、红妆等。最初嫁给唐玄宗第十八子、寿王李瑁为妃时，哭着与父母告别，泪水由于天气寒冷而结为“红冰”。呈红色显然是因为泪水带有胭脂的缘故。后杨贵妃在皇宫中，每到夏天，出汗都是红色的，擦汗的手帕也因此染成桃红。这也是因为涂抹胭脂的缘故。杨贵妃有时候会化泪妆，皇宫中妃嫔、宫女纷纷效仿。有人认为它是一种不祥的妆容，并以安禄山叛乱为证。这当然很牵强。

唐德宗时，官员房孺复的妻子崔氏嫉妒心强，禁止婢女浓妆高髻，每月只发给她们一盒胭脂、一钱豆粉。一天，崔氏新买了一个婢女。婢女的妆容稍好，崔氏勃然大怒，恶狠狠地说：“汝好妆耶？我为汝妆。”说罢立即行动，“刻其眉，以青填之。烧锁梁，灼其两眼角，皮随手焦卷，以朱傅之”。崔氏的嫉妒心强烈得过分，这些文字也侧面说明当时女性热衷于妆容以及流行浓妆高髻。

如此多的妆容类型，无非都是面部装饰的总结。有研究者将唐朝女性面部装饰的过程划分为七步：敷粉、涂抹胭脂、画眉、贴花钿、贴面靥、描斜红、涂唇脂。这种划分显然是根据现代女性化妆步骤所做的推演。不过，这七步基本上囊括了唐代女性装饰面部的动作和所用的物品。敷、涂抹、画、贴、描是动作。粉、胭脂、唇脂是材料。画眉用石黛或眉墨，描斜红用胭脂或红色颜料。花钿又称花子，是额头的装饰物，有红、绿、黄等多种颜色。用花钿装饰通常有两种方式：一种是直接用唇脂、石黛或颜料等

簪花仕女图（局部） 唐·周昉

染画，如经久不衰的鹅黄，就是用黄粉涂在额头上；一种是用制作好的彩纸、鱼骨、翠羽、丝绸、金箔等粘贴。传说花钿的发明者是唐中宗的妃子上官婉儿（另一种说法认为，花钿始自南朝宋武帝的女儿寿阳公主）。一说她违背了武则天的旨意，而应获死刑。武则天怜惜她的才华，改为黥（qíng）刑，于是她自制花钿遮盖。一说她偷窥唐中宗与宰相议事被发现，唐中宗震怒，用指甲刀扎她的额头。她写了一首《乞拔刀子诗》，后贴上花钿掩盖伤痕。面靥又称妆靥，是酒窝处的装饰物。用面靥装饰也有两种方式：一种是用胭脂或颜料画点，有月点、钱点；一种是粘贴用金箔、鱼骨、彩纸等材料制作的花朵或鸟兽。

使用花钿、面靥，让妆容变得繁复，这多半是唐朝女性的主动选择。有一次，唐太宗召见徐贤妃。可是徐贤妃久久不至，唐太宗非常恼怒。徐贤妃写了一首诗答复："朝来临镜台，妆罢暂徘徊。千金始一笑，一召讵能来？"唐太宗看到后，转怒为喜，心情大悦。徐贤妃机智聪明，也需在妆容上下大功夫。唐僖宗、唐昭宗时期，京城中倡家女子热衷装饰唇部，所用的唇脂有石榴娇、大红春、小红春、嫩吴香、半边娇、万金红、圣檀心、露珠儿、内家圆、天宫巧、洛儿殷、淡红心、腥腥晕、小朱龙、格双唐、眉花奴等多种。为了获得称赞，在唇脂选择上不论花费多少功夫，她们都心甘情愿。

物极必反。唐朝女性对妆容的追捧引来了反对者。唐顺宗时期，官员崔枢的夫人容貌仪表端丽，治家严肃，不允许群妾有时髦的妆容。大和六年（832），官员王涯认为"妇人高髻险妆，去眉开额，甚乖风俗，颇坏常仪"，上书请求唐文宗禁止，获得同意。晚唐时，醉妆流行，“今一国之人，皆效醉妆”。官员刘纂认为醉妆是“狂薄之俗”，担心“邦基颓然，如人之醉，而不可支持”，所以上书请求禁止醉妆。

张爱玲说：“小时候的梦想就是长大，长大了就可以穿高跟鞋，抹上鲜艳的口红。”女性对美的追求坚定而顽强，并不是反对和禁止就可以终结的。要不然，唐朝之后五代时期的女性怎会有“薄妆桃脸，满面纵横花靥”？

时世妆 儆戎也

白居易

时世妆，时世妆，出自城中传四方。
时世流行无远近，腮不施朱面无粉。
乌膏注唇唇似泥，双眉画作八字低。
妍媸黑白失本态，妆成尽似含悲啼。
圆鬟无鬓堆髻样，斜红不晕赭面状。
昔闻被发伊川中，辛有见之知有戎。
元和妆梳君记取，髻堆面赭非华风。

译文

时世妆（时髦的妆扮）啊，时世妆，出自长安城，传遍各地。

在世上流行，不分远近；腮上不抹胭脂，脸上没有粉底。

黑色的唇膏涂在唇上，唇像泥巴；两个眉毛画成低垂的八字形。

不辨美丽与丑陋、黑色与白色，失去了本来的容貌；装扮完成，完全像悲痛啼哭。

头发束成圆环形堆在头顶，形成发结的样子，没有鬓发；眼角旁画上弯斜的红痕，没有晕染，脸涂成赤色的样子。

以前听说周朝时伊川(在今河南)有人披散着头发祭祀，大夫辛有看见后知道那里将出现外族（指战国时秦迁陆浑戎至伊川)。

你记住，元和年间梳妆打扮，发结堆在头顶、脸画成红色不是中原的风俗。

眉式决胜

眉式对唐朝女性的重要性，超乎想象。

唐隆元年（710）七月，李隆基发动政变，诛杀把持朝政的韦后、安乐公主及其党羽。当时，安乐公主正在对镜画眉，听说发生政变，才匆匆出逃。刚逃到宫门处，即被追兵杀死。政治斗争你死我活，但为画得一双完美的眉毛，也可奋不顾身。

虢国夫人是杨贵妃的三姐，也受唐玄宗宠爱。天刚亮时，虢国夫人骑马去见唐玄宗，不化妆也要画眉："却嫌脂粉污颜色，淡扫蛾眉朝至尊。"不化妆是嫌弃脂粉玷污天然的美貌。可是，为什么要画眉呢？长安平康里名妓赵鸾鸾给出了解释："妩媚不烦螺子黛，春山画出自精神。"

既然重要，眉式必定五花八门。唐玄宗到蜀地，曾命令画工画了一幅《十眉图》。"十眉"即十种眉式，分别是鸳鸯眉（又称八字眉）、小山眉（又称远山眉）、五岳眉、三峰眉、垂珠眉、月棱眉（又称却月眉、月眉）、分梢眉、涵烟眉、拂云眉（又称横烟眉）、倒晕眉。关于此事，苏东坡有诗曰："君不见成都画手开十眉，横云却月争新奇。”这十种眉式大都能在唐诗中找到。不过，在眉式这件事上，唐玄宗与平康里名妓莹姐比较，就是小巫见大巫了。莹姐长得白净美丽，善于化妆打扮，每天画一种眉式。有人调侃她说：“西蜀有《十眉图》，你有嗜好画眉的眉癖，可以画《百眉图》了。再经过数年，你可以带着其他嗜好画眉的人写眉史了。”莹姐画的眉式的具体模样不得而知，倒是后人因为这件事，将妓女或记载妓女的书称为眉史。

还有柳叶眉（又称柳眉）、蛾眉两种眉式，在唐诗中出现的频率较高，应广泛流行。蛾眉与桂叶眉是一回事，也称晕蛾眉。蛾眉的本义是像细长蛾须一样的眉毛，但在唐朝时，却指蛾翅一样的眉毛，形状为短阔，所以又称为飞蛾眉、蛾翅眉。

繁多的眉式可以归结为两类：细眉与阔眉。阔眉又称阔叶眉，分长阔眉与短阔眉两种。初唐流行的是承继前朝的细眉。随后，长阔眉取而代之。开元天宝年间，细眉又逐渐流行。柳叶眉、却月眉属于细眉。白居易《上阳白发人》曰：“小头鞵履窄衣裳，青黛点眉眉细长。外人不见见应笑，天宝末年时世妆。”安史之乱后，短阔眉开始流行。唐玄宗曾宠爱梅妃，后因宠爱杨贵妃而冷落她。一天，唐玄宗在花萼楼静坐，派人送了一斛珍珠给梅妃。梅妃拒绝接受，作诗曰：“桂叶双眉久不描，残妆和泪污红绡。长门尽日无梳洗，何必珍珠慰寂寥?”桂叶眉属于短阔眉。安史之乱时，刘方平有诗曰：“新作蛾眉样，谁将月里同？有来凡几日，相效满城中。”此后，属于细眉的八字眉流行。这时的八字眉头高梢低，呈现出“低颦”的样子，所以也称为啼眉。

唐朝女性眉毛有黑色和绿色两种颜色，即黑眉与翠眉。在唐以前，黑眉、翠眉已存在多年。到了唐朝，翠眉更受欢迎，流行度更高。这可从描写翠眉的众多唐诗中略见一斑。杨贵妃曾画黑眉，皇宫中女子争相效仿。徐凝诗曰：“六宫争画黑烟眉。”黑烟眉就是黑眉，眉式应接近涵烟眉或横烟眉，只不过是黑色，而非大行其道的翠眉。

画黑眉、翠眉的材料主要有石黛、植物类颜料两种。石黛是矿物质，有黑色、青色（即翠色）两种。植物类颜料是从植物中提取的黑色或青色色素。前文提及的“螺子黛”，又称螺黛、蛾绿，属于翠色矿物质材料，源自波斯，较为名贵。在隋朝时，“每颗值十金”。唐朝末年，女性开始使用眉墨画眉。眉墨用文火熏容器底部制取，然后用手指点取，涂在眉上。这种制墨画眉的方式有一个专有名称，叫“薰墨变相”。

白居易的女儿阿罗七岁时，就已经开始学习画眉：“阿罗才七龄”，“学母画眉样”。李商隐有诗描写一位少女的成长历程：“八岁偷照镜，长眉已能画。”这绝非夸张。对于普通女性而言，能不能画好眉毛，影响到夫妻关系：“妆罢低声问夫婿，画眉深浅入时无?”对于皇宫中的女性而言，是不是拥有高超的画眉技巧，关系到能否在“宫眉正斗强”中获胜，能否进入皇帝的视线。

“学画蛾眉独出群，当时人道便承恩。”有了“出群”的眉毛，就能得到皇帝的宠爱，就能踏上胜利的人生之路。如此诱惑，谁不愿意奋力一搏?

簪花仕女图（局部） 唐·周昉

赋得北方有佳人

徐惠

由来称独立，本自号倾城。
柳叶眉间发，桃花脸上生。
腕摇金钏响，步转玉环鸣。
纤腰宜宝袜，红衫艳织成。
悬知一顾重，别觉舞腰轻。

译文

这位佳人，历来号称超凡脱俗，一向扬言容貌倾国倾城。

双眉之间像长出柳叶（眉毛修长像柳叶），脸上像长出桃花（面容像盛开的桃花）。

手腕晃动，金镯子发出响动；舞步旋转，腰间的玉环发出鸣响。

纤细的腰肢与彩色的腰带相称，红色的衣衫衬托华丽的织成（一种丝织物）更加鲜艳。

想到观舞者的知遇之恩，格外觉得舞动的腰肢轻盈。

发式造极

唐朝女性发式包括髻、鬟、鬓三部分，髻是主体。其繁复、时尚程度，丝毫不亚于服装、妆容、眉式。

根据记载，髻的花样、名目繁多，如高髻（又称峨髻）、半翻髻、反绾乐游髻、双镮望仙髻、回鹘髻、愁来髻、归顺髻、闹扫妆髻、盘桓髻、惊鹄髻（又称惊鹤髻）、抛家髻、倭堕髻、义髻（又称假髻）、螺髻、囚髻、飞髻、百合髻、交心髻、椎髻、双髻、花髻、拔丛髻等。

高髻在东汉时就已流行，长安城中有民谣曰："城中好高髻，四方高一尺。"唐朝的高髻是一个宽泛的概念，凡是高耸的髻均可称为高髻。武德五年（622），唐高祖曾问大臣令狐德棻（fēn）："近来，丈夫冠、妇人髻竞为高大，为什么？"令狐德棻的解释十分到位，说冠、髻在人的身上，必须端正；政权新立、君德彰显，它们的形制就会从前朝的混乱变为端正，这就是近来冠、髻高大的原因。唐高祖点头称是。贞观八年（634），中牟（在今河南）丞皇甫德参上书唐太宗，说修建洛阳的宫殿耗费人力，收地租是重税，大众喜好高髻是受皇宫的影响。唐太宗大怒，打算惩处皇甫德参，后经魏徵劝说，反而赏赐二十匹绢给他，不久又提拔他为监察御史。大和六年（832），唐文宗下令禁止“高髻险妆”。由此可见，高髻在唐朝十分流行。

半翻髻是将头发向上梳，再向下半翻。有的是单髻，称为单刀半翻髻；有的是双髻，称为双刀半翻髻。反绾乐游髻、惊鹄髻与半翻髻类似。反绾是古代女性梳编头发的一种常见方式，即将头发向上梳拢，再反绾成各种形状，故称反绾髻。它不会使头发蓬松下垂，便于女性活动，所以又称为反绾乐游髻。如果反绾成飞鹄形，就称为惊鹄髻。双环望仙髻是将头发分成两股，高高地梳成双环形。望仙，形容发髻高，有看见天上仙人之势。它们都属于高髻。

愁来髻、义髻、飞髻、百合髻都是杨贵妃梳过的发髻。愁来髻的形制不明。义髻即假发，既可以与头发混在一起梳髻，又可以梳成固定的样式戴在头上，与其他发式相配。天宝初年，杨贵妃“常以假鬓为首饰”。这种假鬓就是义髻，属于梳定的样式。至于其具体样式，则不得而知。飞髻又称飞天髻，是将头发分成三股，向上梳成环状。它属于高髻。百合髻是将头发分成数股，梳好后盘在头顶。它不属于高髻。

归顺髻流行于唐玄宗贞观、唐德宗贞元年间，形制不明。

闹扫妆髻、盘桓髻、倭堕髻、螺髻、双髻、椎髻都属于非高髻一类。闹扫妆髻又称闹扫髻、闹扫妆，将头发分成数股梳拢，然后垂下来，呈重叠状，“形如焱风散鬊（shùn）”。倭堕髻与闹扫妆髻类似，将两鬓头发向上梳成一股或两股，向一侧或两侧下垂，同时将脑后头发梳成一股下垂。如果向一侧下垂，则称为堕马髻。堕马髻由东汉外戚梁冀的妻子孙寿创立，因向一边下垂、形如人堕马而得名。盘桓髻较简单，将头发梳成一股，曲折地盘卷在头顶上。螺髻与盘桓髻类似，但头发盘卷的形状似螺壳。双髻分两种。一种是将头发分成两半，梳好后垂在头的两侧，称为双垂髻。如果梳成环形，则称为双鬟髻。另外一种是将头发盘卷成两个螺壳形，称为双螺髻。通常未成年女性或侍女梳双髻。椎髻与螺髻类似，只不过头发盘卷的形状似椎，流行于唐宪宗元和末年。

交心髻属于高髻，将头发分成两股向上梳，呈交叉状。它与唐玄宗的一则传说有关。有一年在东都，唐玄宗白天梦见凌波池中的龙女。她容貌艳丽，梳着交心髻，穿着宽大袖子的衣服，请求唐玄宗赐一首曲子。于是，唐玄宗在梦里弹起胡琴，创作了《凌波曲》。

上述这些髻都是从前朝传至唐朝。回鹘髻在初唐时传入中原，抛家髻、囚髻、花髻、拔丛髻则属于唐朝女性的新创。

回鹘髻又称回鹘椎髻，本为回鹘女性的发髻，形如椎髻，系有红娟，深受皇宫和富贵之家的女性的喜爱。女性婚后梳回鹘髻，则在髻上加毡帽。抛家髻形如椎髻，两侧的鬓发紧贴脸颊，流行于唐朝末期。囚髻本为皇宫中女性的发式，将头发紧束盘于头顶，因似囚犯而得名。囚髻本是应急时的发髻，所谓“束发极急”。唐僖宗逃到蜀地后，蜀地女性纷纷效仿，后传至四方。花髻是一种把花插在髻上作装饰的发髻。拔丛髻比较怪异，流行于唐朝末期。将头发打乱梳成髻，向前下垂挡住眼睛，即为拔丛髻。不过，打

仕女图（局部） 唐·佚名

乱头发后如何梳成髻，并不明晰。

与各式各样的髻比起来，鬟、鬓就简单得多。鬟是将头发梳成细条形，固定成各种环状，主要有高鬟、低鬟、双鬟、短鬟四种。高鬟是将发环立在头顶，呈高耸状。段成式诗曰："出意挑鬟一尺长。"可见鬟的高度不亚于髻。低鬟是将发环垂于耳边或脑后。双鬟是头发梳成两个发环，或立于头顶，或垂于两侧。未出嫁的少女、侍女及从事舞乐的伎女通常梳双鬟。短鬟的发环较短小，编成各种形状。曹邺诗曰："短鬟一如螓。"这是发环编成蝉状的短鬟。唐诗中经常出现"云鬟"一词，为形容高鬟之高，似耸入云端，而非鬟的种类。

鬓指耳朵前的头发，与髻、鬟搭配。它的样式不多，主要有蝉鬓、两博鬓等。蝉鬓指鬓发薄如蝉翼。两博鬓指鬓发下垂过耳，以花钿、翠叶装饰，为皇后、太子妃、命妇（有封号的女性）及官员之家的女性所用。两博鬓在明代时称为掩鬓，是一种假鬓。由前述杨贵妃戴假鬓可知，唐朝时即有假鬓。据此推断，两博鬓在唐朝时即为假鬓。唐诗中经常有"云鬓""丛鬓"之说，有研究者认为是形制不明的鬓发发式。笔者以为，"云""丛"乃形容盛多状，故"云鬓""丛鬓"应指盛多的鬓发，而不是指发式。

与髻、鬟、鬓搭配的，是各类饰物，即发饰。发饰主要分为两种：一种兼具束发与装饰功能，有簪、钗、梳子、篦子等；一种纯粹作为装饰，有花钿、步摇等。簪又称搔头，为单股，有竹、角、牙、金、银、玉等多种质地。钗为双股，质地与簪类似。簪头与钗头的造型多样，有动物、植物、器物等形状。唐朝女性流行戴花钗，即头的造型为花的钗。命妇的等级不同，钗头的花数不同，有九树（朵）、八树、七树、六树、五树等。平民之家的女性出嫁戴花钗，钗头或涂金、银，或用琉璃装饰。梳子、篦子统称为栉具，有竹、木、角、牙、金、银、玉等多种质地。它们插在髻前、髻后或鬓的上部，所插数量从一把到数把不等，甚至可能满头都是。唐诗中有“满头行小梳”“归来别赐一头梳”之句。花钿是用金、银、玉、贝做成花形，镶在绸缎上，多为红色、绿色、黄色。步摇为头上挂有饰物的钗、簪，因步动则摇晃而得名。步摇的饰物有鸟兽、花、枝叶、珠子、流苏等形状，质地为金、银、玉等。唐朝女性还喜欢在头上戴牡丹、芍药、菊花等各种鲜花作为装饰。它们既价廉物美，又容易获得。

至德二载（757），唐玄宗从成都返回长安。此时，失去了皇位的唐玄宗（皇帝是他的第三子李亨，史称唐肃宗）更加思念杨贵妃。两人恩爱时，见到的是“云鬓花颜金步摇”；两人生死别离时，见到的是“花钿委地无人收，翠翘金雀玉搔头”；两人阴阳相隔时，见到的是“钗留一股合一扇，钗擘黄金合分钿”。发式与发饰，是爱情欢悦的见证，是拯救不得的痛楚，是思念难平的寄托。这一切，最后竟都以生命为代价。

恨妆成

元稹

晓日穿隙明，开帷理妆点。
傅粉贵重重，施朱怜冉冉。
柔鬟背额垂，丛鬓随钗敛。
凝翠晕蛾眉，轻红拂花脸。
满头行小梳，当面施圆靥。
最恨落花时，妆成独披掩。

译文

清晨刚刚天亮就起床穿衣服，拉开帐幕开始梳妆打扮。

抹粉最好一层又一层，胭脂要涂得柔媚美好。

柔软的环形发髻背着额头下垂，蓬松的鬓发用发钗拢住。

用青黛画出渐次浓淡的蛾眉，用粉红色在贴好花钿的脸上轻轻擦过（描斜红）。

头上插满了小梳子，在脸的两边对称地画上圆点。

最怨恨花落的时候，妆容完成却独自看着枝叶摇曳晃动。

第五章　衣饰

男服多样

唐朝男性日常生活中的服装主要是袍和衫。两者均是长衣、圆领窄袖，区别在于前者是单衣，后者是冬衣。唐诗中，经常出现的袍有锦袍、布袍、棉袍、白袍、花袍、云袍、组袍、郁金袍、绨袍等多种，经常出现的衫有青衫、黄衫、蓝衫、白衫、朱衫、绿衫、春衫、夹衫、长衫、縠（hú）衫、单衫、轻衫、云衫、葛衫等多种。这些名称说明，袍和衫的颜色、面料、功能多种多样。从形制的角度来看，它们可分为两类：襕袍、襕衫与缺胯袍、缺胯衫。

襕，指袍和衫“下施横幅”。襕袍的创立者有两种说法。一说是唐太宗的心腹大臣长孙无忌。贞观年间，长孙无忌上书建议在袍上加襕，唐太宗下诏同意。一说是北周时期，权臣宇文护下令在袍上加襕。穿襕袍、襕衫不看身份，官员、士人、百姓都可穿，甚至连贱民也能穿。唐德宗贞元年间，杜佑任淮南节度使。他曾与幕僚闲聊，说：“我致政之后，必买一小驷八九千者，饱食讫而跨之，著一粗布襕衫，入市看盘铃傀儡，足矣。”

缺胯袍、缺胯衫指在两侧胯及以下的部位开衩的袍、衫。它们原本为将士的服装，方便行动。唐太宗贞观年间，中书令马周上书建议庶人穿缺胯衫。于是，缺胯袍、缺胯衫成为仆从、门吏等平民百姓的衣服。唐昭宗乾宁年间曾发生一件奇事。朝官李荛（ráo）带着全家人，从蜀地坐船前往江陵（今湖北荆州）。船到瞿塘峡时，撞上滟滪堆沉没。除了奶妈一个人被浪推到岸边活下来，李家人全部淹死。在这之前，一名以煮盐为业的人在瞿塘峡的岩石下，看见一个穿着白色缺胯衫的人，询问李荛的行程，自称迎候他。显然，此人是来自阴曹地府的鬼。连鬼都穿缺胯衫，可见其流行范围之广。

除了袍、衫，唐朝男性日常生活中的服装还有袄子、襦、汗衫、裤、半臂、裘、帔等。

袄子指带里子的夹衣，能絮棉。它源于袍，长度比袍短，可及膝，有开后袄子、缺胯袄子等。唐朝各种身份的男性都穿袄子。开后袄子是在背部靠下处开衩的袄子，源于胡服。缺胯袄子与缺胯袍类似，是在两侧胯及以下的部位开衩的袄子。武德元年(618)，唐高祖下令，每年到十月一日，诸卫将军都穿缺胯袄子。马周曾上书唐太宗，请求在立冬日加穿小缺袄子（即缺胯袄子）。

襦是短上衣，也称为短襦。有“燕许大手笔”之称的著名文士苏颋，小时候聪悟过人，每天能背诵数千言。他的父亲苏瑰管教极其严厉，经常让他穿着青布襦趴在床下，如果头伸出来，就要挨打。唐懿宗咸通年间，河南府功曹参军武公业有得爱妾步非烟与邻居赵象偷情。武公业发现后，趁两人幽会之时，前去捉奸。赵象被武公业扯下半襦后逃走。数天后，赵象变服易名，远走江浙。

汗衫又称中单、中衣，属于里衣。兴元元年（784），名将李晟平定太尉朱泚（cǐ）之乱，收复长安，参与叛乱者均被判处死刑。其中，一个叫桑道茂的人，拿出一件写有李晟名字的汗衫，为自己辩白。桑道茂原本看相，名声颇盛。登门拜访者很多，但桑道茂大都拒而不见。一天凌晨，李晟带着一匹绢登门拜访桑道茂。桑道茂不仅亲自出门迎接，还摆出酒肴款待。李晟不解，询问他热情招待自己的原因。桑道茂说："将来您建功立业，大权在握，无比高贵显赫。请您一定要保住我的性命！"李晟莫名其妙，只得点头答应。接着，桑道茂用李晟送的绢换他身上穿的汗衫，并请他在汗衫上写下名字。李晟看到汗衫，想起往事，就免了桑道茂的罪。桑道茂有了"神预言"，仍然需要签名的汗衫作为信物，以保证万无一失。汗衫、签名均为私密之物，等于今天的双重密码，完全可以担此重任。

裤又称为袴、裈、裩，分及脚长裤与短裤两种。李白曾到慈恩寺游玩，寺僧请他题新诗。李白当场挥笔写好，寺僧以兰缣袴等物品相赠。兰缣系布名，兰缣袴指用兰缣做的袴。短裤又称为犊鼻裈，通常不外穿。其名称由来，一说因为形似犊鼻，一说因为长度至膝盖附近的犊鼻穴。犊鼻裈不仅成人穿，孩子也穿，十分流行。

男性半臂的形制与女性的一致，但穿在袍内、汗衫外。唐僖宗乾符年间，一个叫李廷璧的人在考中进士的当晚，在旅店房间的床上偶然发现一件袄子、一件半臂，于是起身试穿。同住的人夸赞说："这简直是神授啊！"过了一会儿，有一个人冲进来抓住李廷璧，大声喊道："抓住偷衣贼了！"

富贵的人通常穿用锦做的半臂，称为锦半臂。咸通初年(860)，一个叫郑愚的官员前去拜访镇守荆南的魏国公崔铉。郑愚喜欢华丽的衣着，“以锦为半臂”，崔铉却以普通的礼仪招待他。一天，郑愚换上麻布衣服，带着自己的作品去见崔铉。崔铉看了第一篇就称赞，看了三四篇时，情不自禁地说：“真配得上锦半臂!”为了炫耀自己的地位，有人将锦半臂外穿或露在外面。武则天掌权后，一个叫来子珣的官员经常穿锦半臂，引来众人的讥讽。天宝二载，陕郡太守韦坚建成港口广运潭，调集二三百艘船庆贺。陕县尉崔成甫创作了十首歌，站在第一艘船上，带着一百名女子歌唱。他穿着缺胯绿衫，袒露着一只胳膊，露出里面的锦半臂。

裘本为兽皮所制，古已有之，称为皮裘。唐朝时，除皮裘外，还出现了布裘、绫裘以及集翠裘。布裘是以布为表、内絮棉的裘，绫裘是以绫为表、内絮棉的裘。集翠裘原是南海郡进献给武则天的，价逾千金，极其珍贵美丽。一天，武则天将它赏赐给男宠张昌宗，让他当场穿上，陪自己玩“双陆”（一种棋类赌博游戏）。恰巧宰相狄仁杰进来奏事，武则天于是让他与张昌宗玩“双陆”。两人约定三局两胜，赌各自身上穿的衣服。结果张昌宗连败三局，将集翠裘输给了狄仁杰。狄仁杰离开后，将集翠裘送给了自己的一名家奴。

唐朝男性帔的形制与女性的一样。道士司马承祯与唐睿宗谈论修道与治国，唐睿宗颇满意，赐给司马承祯宝琴、霞纹帔。霞纹帔又称霞帔，为女性常用。由此可见，男性用的帔并无特别之处。

唐朝女性着男装，男性也着女装。但是，女着男装是出位的时尚，男着女装或为玩笑，或为隐瞒身份，或为博取注意。唐睿宗时宰相陆象先天性仁厚，曾任冯翊（yì）太守。一天，陆象先手下的参军与幕僚玩说大话赌博的游戏。一名参军说："我能像女人一样梳妆，学新出嫁的女人四拜公公、婆婆。"众幕僚说："你如果敢这么做，我们愿意出一万钱。"不一会儿，这名参军施粉黛、梳高髻、别簪钗，穿着女人的衣服，快步走了进来，冲着众人深深地拜了四拜。陆象先就像没看见一样，不以为怪。他的弟弟陆景融勃然大怒，说："哥哥你身为一方太守，今天成了天下的笑料了！"陆象先慢悠悠地说："这些参军才是笑料，怎么会是我?"武德元年，投降唐高祖的瓦岗军首领李密叛唐。他带着数千名勇士，穿着女人的衣服，装扮成大户人家的妻妾，将刀藏在裙子里，成功占领桃林（今河南灵宝）。张易之、张昌宗兄弟肤白貌美，为博取武则天欢心，都"傅粉施朱，衣锦绣服"。这些男性着女装的心态无从得知，但指向倒非常明确，都是为了实现某种功利性目标。既如此，他们也算是标准的"心机男"了吧。

醉后狂言酬赠萧殷二协律

白居易

余杭邑客多羁贫，其间甚者萧与殷。
天寒身上犹衣葛，日高甑中未拂尘。
江城山寺十一月，北风吹沙雪纷纷。
宾客不见绨袍惠，黎庶未沾襦裤恩。
此时太守自惭愧，重衣复衾有余温。
因命染人与针女，先制两裘赠二君。
吴绵细软桂布密，柔如狐腋白似云。
劳将诗书投赠我，如此小惠何足论？
我有大裘君未见，宽广和暖如阳春。
此裘非缯亦非纩，裁以法度絮以仁。
刀尺钝拙制未毕，出亦不独裹一身。
若令在郡得五考，与君展覆杭州人。

译文

杭州城里的人大多是客居异乡的贫困人，其中比较困难的有萧协律与殷协律。

天气寒冷时，他们身上仍然穿着葛布做的衣服；太阳升得很高了，煮饭的甑中灰尘还没有掸除。

十一月时，江边的城里和山中的

寺院，北风吹起尘土，雪纷纷扬扬地飘下。

门客没有得到因为念旧情而赠送的厚缯制成的袍子，平民百姓没有得到官府拿布匹做的衣服。

这时候，我作为杭州的太守非常惭愧；我的衣服一层又一层，被子宽大厚重，还有多余的温度。

于是命令染布帛的工匠与缝纫女工，先制作两件裘衣赠送给两人。

吴地产的丝绵纤细柔软，桂林产的布匹缝隙小；它们像狐腋下的皮毛一样柔软，像云彩一样洁白。

劳烦他们还给我写感谢的书信，这样的小恩惠哪里值得说？

我有很大的裘衣，你们没有见到；它宽大暖和，穿在身上如同在温暖的春天。

这件裘衣不是用帛和蚕丝做的；它是按照法令制度剪裁，用仁德填充的。

我用刀和尺迟钝笨拙，制作没有完成；拿出来也不只是穿在我一个人的身上。

如果让我在这里通过五次考核

(唐宪宗时，被贬谪的官员五考合格才能调任)，就给你们打开它，为杭州的人挡风避寒。

胡风劲吹

鲁迅说："唐室大有胡气。"表现在衣饰方面，就是胡服的盛行。

胡服源自胡人，指西域各国及北方游牧民族的服饰，包括帽、袍衫、袴、腰带、靴。

唐人最初对待胡服，持拒斥的态度。贞观三年（629），到长安朝贡的外国人很多，但是唐人认为他们"服装诡异"。这是站在旁观者角度看胡服。到开元年间，对待胡服的态度由拒斥变为欢迎，男男女女都穿胡服。胡服已然广泛流行。

胡帽又称蕃帽，有搭耳帽、绣帽、柘枝花帽、卷帘虚帽、浑脱帽等多种，以兽皮、羊毛、羽毛、毡、锦等制成。其形制特点是高顶，顶尖而圆、虚而内空，如刘言史诗曰"织成蕃帽虚顶尖"。

有的胡帽有耳或檐上翻，称为卷帘帽或卷檐帽。张祜诗曰"卷帘虚帽带交垂"，就是此类。耳不上翻，能自由地卷上或搭下，即为搭耳帽。白居易诗曰"夹帽长覆耳"，夹帽就是搭耳帽。

职贡图（局部） 唐·阎立本

绣帽、柘枝花帽都是跳柘枝舞时所戴的帽子，饰有金铃。柘枝舞，从西域柘枝国（又称石国）传入中原，在唐诗中多有描绘。其有健舞、软舞两种，柘枝软舞称为屈柘枝。

浑脱，是用动物的整张皮制成的囊或袋。浑脱帽是用动物的整张皮制成的帽子。其形制为高顶，或尖或圆。有的帽身缀有珠宝，有的帽身嵌有花纹，有的底部有可以保暖的毛皮。唐太宗、唐高宗时宰相长孙无忌曾用乌羊毛制成浑脱毡帽，众人纷纷效仿。因为长孙无忌被封为赵国公，所以他制作的浑脱毡帽又称为“赵公浑脱”。唐朝流行浑脱舞，舞者都戴浑脱帽。

初唐时，唐朝女性多戴覆盖头部及全身的羃䍦（mì lí）。武则天上位后，形似斗笠、四周缀以丝织物的帷帽逐渐替代羃䍦。今人多因羃䍦、帷帽源自北方少数民族，而将它们当作胡帽。在唐人看来，羃䍦、帷帽不是胡帽，只有到开元时，胡帽才流行起来：“开元初，从驾官人骑马者，皆著胡帽……士庶之家，又相仿效，帷帽之制，绝不行用。”唐人不把羃䍦、椎帽当作胡帽，想来原因在于它们的形制与胡帽完全不同。

胡服中袍衫的形制特点较为明显：圆领或翻折领、窄身、窄袖（又称小袖）。有的袍衫较短，至膝盖附近。张籍诗曰“貂帽垂肩窄皂裘”，王建诗曰“长缝双袖窄裁身”，张碧诗曰“蛮锦花多春窄袖”，姚合诗曰“僮仆惊衣窄”，描写的是男性胡服的袍衫；白居易诗曰“香衫袖窄裁”，韩偓诗曰“窄衣短袖蛮锦红”，李贺诗曰“秃衿小袖调鹦鹉”，描写的是女性胡服的袍衫。

胡服中，袍衫与袴、腰带、靴搭配。袍衫与袴搭配，即“上褶下袴”，或称袴褶。袴褶原为戎服，利于行动、战斗。唐朝时，从皇帝、官员到平民百姓，不论男女，都流行穿裤褶。为了推广裤褶，唐玄宗在先天二年（713）十月下令，凡是上朝议政的文武百官，必须穿裤褶，否则停发一个月俸禄。重罚之下，焉有不穿之举？侍女及做杂役的宫女，因为穿裤褶而被称为“袍裤”。李贺诗曰“罗薰裤褶香”，就是指宫中女子穿裤褶。

腰带称为蹀躞（dié xiè）带，质地为兽皮，有玉、金、犀角等多种装饰。蹀躞带的功能性较强。带上有环扣，用以悬挂物品。物品通常有佩刀、刀子（小刀）、磨石（磨刀石）、契苾真（似针的凿刻工具）、哕（yuě）厥（似锥的解结工具）、针筒、火石袋七件，称为蹀躞七事或鞊鞢七事；也有算袋（用于放笔、砚等）、巾、弓、剑等。官员有一段时期必须系蹀躞带，等级不同，形制也不同。在女着男装的时尚潮流之下，女性也系蹀躞带。有一次，唐高宗在后宫设宴。太平公主穿着紫衫、系着玉带、戴着皂罗折上巾，佩挂“纷砺七事”，在唐高祖面前唱歌跳舞。“纷砺七事”即蹀躞七事。玉带是用玉板装饰的蹀躞带，皂罗折上巾为乌纱帽。开元二年（714），唐玄宗下令，除朔望日之外，官员不用再系蹀躞带。这实际等于取消了官员必须系蹀躞带的规定。

靴是胡服的特色“符号”之一，大多由兽皮制成。不论官员还是百姓，平时都穿靴。元和末年，鄂州观察使郗士美遇到一件怪事。一天，他早起穿好衣服后，左手拿起一只靴子，正在这时，一只巨鼠窜进庭院中，朝北站着跳舞。郗士美大怒，厉声地呵斥。巨鼠毫无惧意，依旧跳舞。郗士美将手中的靴子朝巨鼠扔了过去，它这才逃走。有一种靴叫六合靴，非常流行，不论皇帝还是平民、男性还是女性，都可以穿。常见的是乌皮六合靴，用六块兽皮缝合而成，又称乌皮六缝靴。李白戏弄高力士，让他脱的靴子，就是乌皮六合靴。女性常穿的靴子中，有一种叫线靴，由麻线制成。

唐朝初年，靴子通常为长勒，即长筒。马周曾上书唐太宗，将长勒改为短勒，即长靴改为短靴。不过，唐诗中描写靴，大都称锦靴、绣靴、蛮靴等，鲜有长短之分，只有白居易诗句“短靴低帽白蕉衫”、司空曙诗作名称《寄卫明府常见短靴褐裘，又务持诵是以有末句之赠》等寥寥几处。这种现象令人困惑。

武德二年（619），唐高祖发布诏书称：“是以昔王御世，怀柔远人，义在羁縻。”此后，唐朝数位皇帝均对异族采取怀柔羁縻之策。故而胡人内迁，胡风劲吹，胡化极盛。不幸的是，安史之乱的种子就此埋下。

观柘枝舞二首·其一

刘禹锡

胡服何葳蕤，仙仙登绮墀。
神飙猎红蕖，龙烛映金枝。
垂带覆纤腰，安钿当妩眉。
翘袖中繁鼓，倾眸溯华榱。
燕秦有旧曲，淮南多冶词。
欲见倾城处，君看赴节时。

译文

胡服是多么华美艳丽，穿着胡服轻盈地踩在地毯上。

像神灵般迅速的风追逐着红色的舞鞋，龙形装饰的蜡烛映照着金饰的灯。

垂下的带子盖住纤细的腰肢，贴上花钿与秀丽的眉毛相配。

举起袖子，恰好合上密集的鼓声；斜着眼睛，探寻有雕饰的屋椽。

有燕地与秦地的旧曲子，《淮南》曲里多华丽的辞藻。

如想见到艳压全城的部分，你试试等到应和节拍的时候。

尊卑有序

衣冠是古时礼制的重要部分。《礼记》曰，“冠者，礼之始也”“冠而后服备，服备而后容体正、颜色齐、辞令顺”。所以，一个人戴什么样的帽子、穿什么样的衣服，必须与其身份、地位相称。无论唐朝衣饰多么丰富多彩，都绕不开这一点。

唐人通过衣饰体现身份、地位，主要包括冠服、色彩、图案、材料、配饰五个方面。

关于冠服，皇帝、太子、各级官员及皇后、太子妃、命妇所穿的不仅不一样，而且区分不同场合。以皇帝为例。皇帝的冠服有大裘之冕、衮冕、鷩冕、毳冕、绣冕、玄冕、通天冠、武弁、黑介帻、白纱帽、平巾帻、白帢十二种。大裘之冕、衮冕、鷩冕、毳冕、绣冕、玄冕为祭祀时所穿，通天冠为受朝时所穿，武弁为出征、狩猎等时所穿，黑介帻为拜陵时所穿，白纱帽为听讼、宴会时所穿，平巾帻为骑马时所穿，白帢为参加大臣丧礼时所穿。平时，则身穿赤黄色袍衫，头戴折上巾（又称幞头、乌纱帽，用青黑色纱罗制成），腰系九环带（挂有九个环的蹀躞带），脚穿六合靴。

皇帝穿的赤黄色袍衫，在唐初时为赭黄色。天宝七载（748）正月，大臣韦绦上书唐玄宗，请求将御案、褥、袱、帷等改成赤黄色，唐玄宗接受建议。唐初，并不禁止官员、平民百姓穿黄色衣服。总章元年（668），唐高宗规定“一切不许着黄”。这个规定与一件事有关。一天夜里，洛阳尉柳延穿黄色衣服出门，因为平民百姓也能穿黄色衣服，所以部下误认，将其殴打。唐高宗得知这件事后，认为是衣服颜色的错，于是下令禁止大臣“着黄”。“禁黄令”自此开始，直至一千余年后清朝灭亡才废止。黄袍于是成了帝位皇权的象征。

至德二载（757），唐肃宗与唐玄宗上演了意味深长的互让黄袍之事。至德元载（756），即安史之乱发生的第二年，太子李亨在灵武称帝，史称唐肃宗。但是，身在成都的唐玄宗并没有退位。第二年十二月，唐玄宗到达咸阳，唐肃宗亲自迎接。唐玄宗站在望贤宫的南楼上，唐肃宗脱下黄袍、穿上紫袍，然后跳下马，快步走到楼下，行拜舞礼。唐玄宗下楼，抚摸着唐肃宗哭泣。唐肃宗捧着唐玄宗的脚，“呜咽不自胜”。这时，唐玄宗要来黄袍，亲自给唐肃宗穿上。唐肃宗不停地磕头，坚决推辞。唐玄宗说：“天数、人心皆归于汝，使朕得保养余齿，汝之孝也！”唐肃宗“不得已”，就接受了。唐肃宗主动称帝，焉有再让黄袍之理？唐玄宗逃出长安后能再回来，得归功于唐肃宗。如果再占着皇位，那就表明要与唐肃宗对着干了。唐玄宗根本没有这个资本。唐肃宗主动离开长安迎接，实际表明了要在咸阳解决皇位的归属问题。唐玄宗不是草包，怎能不知？按照让位的惯例，得有一个仪式。

唐玄宗看到唐肃宗换袍的举动，应该知道仪式是没有了。于是，互让黄袍的戏码感人上演，令人叹服。这件事的细节绝非笔者编造，而是出自为帝王提供治道借鉴的《资治通鉴》。

官员袍衫的色彩、图案、材料及配饰，根据品级确定。武德四年（621），唐高祖颁布《衣服令》，规定："三品已上，大科（大朵团花），紬（绸）、绫及罗，其色紫，饰用玉（指腰带）。五品已上，小科（小朵团花），紬、绫及罗，其色朱，饰用金。六品已上（下），服丝布，杂小绫、交梭、双紃（均为绫的种类），其色黄，六品、七品饰银，八品、九品鍮石（黄铜）。流外及庶人服绸、絁（一种粗绸）、布，其色通用黄，饰用铜铁。"贞观四年（630），唐太宗下令，三品以上服紫，五品以上服绯，六品、七品服绿，八品、九品服青。此后，唐朝官员的服装的颜色基本固定为紫、绯、绿、青四种。上元元年（674），唐高宗下令，三品以上服紫，四品服深绯，五品服浅绯，六品服深绿，七品服浅绿，八品服深青，九品服浅青。这种区分虽然更加细致，但未脱离紫、绯、绿、青四色。

在配饰中，腰带比较明显地体现了不同品级官员之间的差别。腰带的材质为兽皮，通常为黑色、红色，上面的装饰物称为銙或带板（銙上挂环扣悬物的腰带，称为蹀躞带，见前文）。銙的材质用作腰带的名称，如玉銙的腰带称为玉带、金銙的腰带称为金带等。官员品级不同，銙的材质与数量不同。唐高祖在位期间，一品、二品用金銙，六品以上用犀銙，九品以上用银銙，庶人用铁銙。后改为亲王、三品、二王后用玉銙，五品以上用金銙，六品、七品用银銙，八品、九品用鍮石銙。流外官、庶人、部曲、奴婢用铁銙、铜銙。上元元年发布的腰带制度较为齐备：三品以上用金玉带、十三銙，四品用金带、十一銙，五品用金带、十銙，六品、七品用银带、九銙，八品、九品用鍮石带、八銙，流外官、庶人用铜铁带、七銙。此后，腰带的制度数度更改，但均没有超出上元元年制度的范围。

值得一提的是，唐朝官员有佩鱼制度。佩鱼指随身佩戴鱼符或鱼袋。鱼符指鱼形符契，用金属制成，通常刻有官员的官位、姓名。唐朝皇帝姓李，故鱼符所用的鱼形为鲤鱼，取“李”和“鲤”谐音之意。随身佩戴的鱼符分成左右两块，左块放在皇宫中，右块由官员随身携带，既用于进出皇宫验证身份，又表明身份的尊卑贵贱。亲王用金鱼符，官员用铜鱼符。鱼袋指装鱼符的袋子，常用金、银装饰。以金装饰的，称为金鱼袋；以银装饰的，称为银鱼袋。五品以上的官员必须佩鱼袋，三品以上用金饰，五品以上用银饰。天授二年（691），武则天改佩鱼为龟。龟又称玄武，与武则天的姓相合。三品以上，龟袋用金饰，四品用银饰，五品用铜饰。唐中宗即位后，改回佩鱼。景云年间，唐睿宗诏令衣紫者鱼袋用金饰，衣绯者鱼袋用银饰。这是鱼袋与服装颜色相连的开始。

官员离职后，刻有姓名的鱼符或鱼袋交回；没有刻姓名的，离职后交给接任者。永徽五年（654），唐高宗下令，不再追收五品以上死亡者的鱼袋，因为“带鱼之法，事彰要重，岂可生平在官。用为褒饰，才至亡没，便即追收。寻其始终，情不可忍”。

鱼符除了随身佩戴显示身份之外，还用作发兵、地方官员任免、出入宫门与城门、开关城门等方面。

乐师黄幡绰性情幽默，口才很好，深受唐玄宗宠爱，并因此获赐绯衣。一天，黄幡绰佩戴了一个兔尾。唐玄宗奇怪，询问原因。黄幡绰回答说：“赐绯衣，挂鱼袋。”这分明是要唐玄宗再赏赐鱼袋。唐玄宗认为鱼袋是朝官进宫所用，黄幡绰不宜佩戴，于是拒绝赏赐。尽管当时借绯衣、鱼袋在下级官员中盛行，唐玄宗还是维护了鱼袋的尊严。但是，与“革制度衣服者为畔，畔者君讨”相比，就差得远了。

王夫子

白居易

王夫子，送君为一尉，东南三千五百里。
道途虽远位虽卑，月俸犹堪活妻子。
男儿口读古人书，束带敛手来从事。
近将徇禄给一家，远则行道佐时理。
行道佐时须待命，委身下位无为耻。
命苟未来且求食，官无卑高及远迩。
男儿上既未能济天下，下又不至饥寒死。
吾观九品至一品，其间气味都相似。
紫绶朱绂青布衫，颜色不同而已矣。
王夫子，别有一事欲劝君，遇酒逢春且欢喜。

译文

王夫子，送你担任一个尉官，在东南方向三千五百里的地方。

路途虽然遥远，地位虽然低下，但每个月的俸禄也还能养活妻子和孩子。

男子汉应该诵读古人的书籍，整理衣冠，态度恭敬地来任职。

眼下将营求俸禄供给一个家庭，长远就用应时的道理帮助自己实践主张。

实践自己的主张、辅佐君王治理国家，必须等待命运机缘；让自己接受卑贱的官位，不是耻辱。

时运还没有降临，暂且寻求食物，官职没有高低及远近之分。

男子汉追求事业虽然已经不能做到帮助天下，但是在俗事方面却不会因为饥寒而死。

我看从九品到一品的官职，中间的感受体验都互相类似。

紫色绶带、红色蔽膝与青布做的衫，只是颜色不一样罢了。

王夫子，另外有一件事想劝你，看见美酒、遇到春天时就享受它们，快乐生活。

禁令不断

时尚不断流转，禁令不断出台。这就是唐朝衣饰发展的状态。

经过贞观之治、永徽之治，唐朝一片欣欣向荣。永徽六年(655)，唐高宗发布《停进珠玉诏》，“非军国所需、宗庙之用，并不须饰以珠玉”，取消各州常贡珠宝，禁止民间雕刻、销售珠宝与金银等物。此诏当属唐朝衣饰禁令的开端。由内容推测，当时以珠宝、金银装饰之风很盛。这是典型的奢侈消费。以禁止衣饰的奢侈消费为禁令开端，预示着大唐盛世仍将持续。

唐玄宗在位期间，数度出台制止衣饰奢侈消费的禁令。这些禁令的内容涉及禁断珠玉、锦绣，不得采取刻镂器玩、制造锦绣珠绳、织二色贴绢、用绮绫罗作龙凤禽兽等异纹及竖栏锦纹，染锦绣为皂，停止官办织锦坊，提出穿汗濯之衣、永除珠翠之饰、致力素朴，违反者杖一百、受雇工匠降级等方面。为了彰显态度的严肃和实施的决心，唐玄宗于景云三年（712）、开元二年(714) 下令在皇宫中焚毁珠玉、锦绣。

此后，唐代宗、唐文宗均数次出台相关禁令。大历六年

(771) 四月，唐代宗详细规定了所禁止的绫锦种类及纹样：“在外所织造大张锦、软瑞锦、透背及大裥锦、竭凿六破以上锦、独窠纹绫、四尺幅及独窠吴绫、独窠司马绫等，并宜禁断”，“其绫锦花纹，所织盘龙、对凤、麒麟、狮子、天马、辟邪、孔雀、仙鹤、芝草、万字、双胜及诸织造差样文字等，亦宜禁断”。这些绫锦种类、纹样甚为复杂，既显示织造技术先进，又反映衣饰奢侈之风盛行。

唐文宗在禁止衣饰方面做的更加细致。大和二年 (828) 五月，派太监传命给汉阳公主及其他公主：“今后每遇对日，不得广插钗梳，不须著短窄衣服。”广插钗梳、穿短窄衣服都是胡风。第二年九月，唐文宗对神策军、官人、各司下令，不得穿纱縠、绫罗等衣服。唐穆宗女儿义丰公主的丈夫韦处仁，有一次戴了夹罗巾，唐文宗看见后，直截了当地说：“朕羡慕你家门第清高素雅，所以选你做驸马。像这样的头巾，让其他达官贵戚戴，不适合你。”当年十一月，唐文宗诏令四方禁断花丝布、缭绫之类，并限期一个月焚弃所有的织布机。这个措施似乎没起作用。大和六年六月，大臣王涯上奏，请求禁断除供奉皇帝之外的花丝布及缭绫，由所在地长官负责销毁。

王涯这份奏章还详细地说明了所禁衣服的尺寸及妆容的式样：“丈夫袍、袄、衫等，曳地不得长二寸已上；衣袖不得广阔一尺三寸已上。妇人制裙，不得阔五幅已上；裙条曳地，不得长三寸；襦袖等，不得广一尺五寸已上。妇人高髻险妆、去眉开额，甚乖风俗，颇坏常仪，费用金银，过为首饰，并请禁断；其妆梳钗篦等，伏请勒依贞元中旧制，仍请敕下后，诸司及州府榜示，限一月内改革。”这些文字颇具史料价值，证明了唐朝衣服宽大、妆容奇绝的时尚潮流。有趣的是，这份奏章还特地提出禁止一种叫高头草履的鞋。此鞋为“吴越之间织造”“纤如绫縠，前代所无，费日害功，颇为奢巧”。可见唐朝女性在服饰上的追求，大有“服不惊人死不休”之势。

唐宣宗时，也有禁止衣饰奢侈的诏令，但都是表达革除流弊、追求素朴的美好愿望，属于内容空洞的官样文章。时近晚唐，虽有大中之治，但国势衰微已成定局，纵唐宣宗励志奋发，也难以挽回。所以诏令内容空洞，是历史的必然反映。唐宣宗之后，唐懿宗、唐僖宗、唐昭宗、昭宣帝再无禁止衣饰奢侈的诏令。

除了限制奢侈消费，衣饰禁令还包括制止僭越。咸亨五年（674）五月，唐高宗在敕令中列举了两种僭越现象：一是在外官人、百姓不依令式，在袍衫之内穿朱、紫、青、绿等色短衫、袄子；二是在闾野公然露服，贵贱不分。第一种是最主要的，属于颜色禁令。前文述及“一切不许着黄”，就是典型。不过，颜色禁令并没有完全起作用。永隆二年（681），唐高宗告诉雍州长使李义琛等人，有平民、僮仆公然穿紫服赤衣。至德二载（757），朝士僮仆穿金紫而称大官的现象，十分广泛。

制止衣饰的材质、款式等方面的僭越，也属于禁令的范畴。开元十九年（731），唐玄宗敕令，六品以下官员不得穿罗、縠及独窠绣绫；流外及庶人不得穿绸、绫、罗、縠及五色线靴履；裥色衣不过十二破，浑色衣不过六破；帽子必须露脸，不得有遮蔽。元和十二年（817）六月，宰相郑余庆奏请，五品以下散官不得服剑佩绶。开成元年（836），针对里坊、市场上很多百姓穿绯皂开后袄子冒充军司的现象，唐文宗敕令禁断。

禁止僭越，无非是通过维护等级制度，进而达到维护王朝统治的目的。但衣饰不具有损及统治的危险性，所以，相关禁令出台，也并不会令行禁止。

唐朝建立初期，女性多戴羃䍦，遮蔽全身。唐高宗即位后，女性多戴帷帽、拖裙到颈，逐渐展示出身体部位。龙朔三年(663)，唐高宗敕令禁断帷帽。但是，“初虽暂息，旋又仍旧”。咸亨二年（671）八月，唐高宗又敕令禁断。这一次，唐高宗详细指出了禁断的理由：“至于衢路之间，岂可全无蔽障？比来多用帷帽，遂弃羃䍦，曾不乘车，别坐檐子（类似肩舆的交通工具），递相效仿，浸成风俗，过为轻率，深失礼容。前者已令渐改，如闻犹未止息，理须禁断，自后不得更然。”连唐高宗自己都承认，帷帽“犹未止息”。此次禁令之后，情况仍旧如故，并无改变。到武则天神龙末年，羃䍦竟然绝迹。女性的不懈追求，终于战胜了皇帝的禁令。

这完全是美的力量。

春情

孟浩然

青楼晓日珠帘映，红粉春妆宝镜催。
已厌交欢怜枕席，相将游戏绕池台。
坐时衣带萦纤草，行即裙裾扫落梅。
更道明朝不当作，相期共斗管弦来。

㊢㊦

译文

早晨的太阳映照在闺楼用珠子串成的帘子上，赶快对着镜子涂抹胭脂和粉，作春日的装扮。

爱惜枕头和席子，已经嫌弃交相欢乐；不如与人一起环绕池苑楼台嬉戏。

坐着时，束衣的带子缠绕着细草；走路时，裙边扫过落在地上的梅花。

又说明天不应该出来嬉戏，互相约定一起比试演奏乐器。

第六章　美食

饼行天下

唐朝的“饼”是一个神奇的概念。只要是面食，几乎都能以“饼”称呼。

诗文中最常见的饼有蒸饼、汤饼、胡饼三种。

蒸饼的制法简易，将一升面与三合猪油搅拌，用笼屉蒸制即成。所以路边常有卖蒸饼的摊贩。官员上朝或退朝，为省时解饥，会在路边买蒸饼吃。武则天时期张衡官至三品，有一天退朝之后，在路边看见一个摊贩刚做好蒸饼，于是买了一个，坐在马上吃了。御史发现后，上奏武则天。武则天将张衡贬至九品以下，不允许他将来升至三品。张衡纯属运气不佳，但也可见蒸饼已成日常的食物。唐玄宗时期的官员房光庭，一次在洛阳为亲友送葬，结束后已是傍晚，肚子饥饿，于是在路边摊买了蒸饼，与同行的几个人一起吃。房光庭没有随身带钱的习惯，吃完之后无法结账，摊贩逼他马上给钱。房光庭就让摊贩跟自己回家取，摊贩不答应。房光庭说：“我是右台御史，跟我回去能取到钱。”此事传开后，人们都说房光庭放纵不羁。

蒸饼分有馅、无馅两种。有馅的又称为笼饼、馒头，类似于今天的包子。馒头传为诸葛亮征南中（今川西南及云、贵一带）孟获时发明，以肉为馅，因形状像人头而得名。宰相赵宗儒曾任翰林学士，一天听到太监说："今天早餐是玉尖面，用消熊、栈鹿做馅，皇上很喜欢。"于是询问玉尖面的形制，太监说它是出尖馒头。出尖馒头指将上部捏尖，微微露出馅料。接着又问消熊、栈鹿是怎么回事，太监说："极肥的熊叫消熊，用加倍的饲料精心喂养的鹿叫栈鹿。"酷吏侯思止原以卖饼为生，后因取悦武则天而任侍御史。有一次，让厨师做笼饼，并说："给我做笼饼时，要缩葱（减少葱）。因为市面上卖的笼饼葱多肉少，所以让你缩葱、加肉。"侯思止因此得到"缩葱侍御史"的绰号。馅料中葱多肉少，属于偷工减料。这从反面证明笼饼极受欢迎。

无馅的蒸饼类似于今天的馒头。唐德宗贞元年间的进士郑瀚在担任河南尹时，一个在家种地的堂兄弟的孙子前来拜访。在离开的前一天，郑瀚召集外甥、侄子，与他聚餐。桌子上摆着一盘蒸饼，堂兄弟的孙子拿起一个，剥掉皮吃了。郑瀚大怒，说："皮怎么了？你在家里种地，我以为你一定懂得艰辛。谁知道你的虚浮不实，竟然超过权贵豪门的纨绔子弟了！"那人连忙将蒸饼的皮捡了起来递给郑瀚，郑瀚接过来都吃了。

汤饼指用水煮的面食，包括馎饦、索饼、馄饨等。每到冬天，皇宫中的御厨会增加汤饼。天复二年（902）十二月，唐昭宗在宦官韩全诲的胁迫下逃到凤翔（今属陕西宝鸡），生活窘迫，一天喝粥、一天吃汤饼。唐朝之前，荆楚地区六月伏日、北方人七月七日有食用汤饼的风俗。唐人应有此风俗。汤饼也是九月九日重阳节的节令食物之一。李颀诗曰："菊花辟恶酒，汤饼茱萸香。"完全可以说，不论春夏秋冬、贫富贵贱，唐人都食用汤饼。

唐人在生日宴会上食用汤饼，取其"长命面"之意。开元十二年（724），王皇后在哥哥王守一的帮助下，以霹雳木求子。事发后，向唐玄宗求情："陛下难道不记得阿忠（即王守一）用身上的紫色半臂换一斗面，为您做生日汤饼吗？"唐玄宗虽然动情，但仍将王守一赐死，废王皇后为庶人。刘禹锡回忆当年参加友人张盥的生日宴会，曰："引箸举汤饼，祝词天麒麟。"（"举"字，有版本作"食"）"引箸举汤饼"说祝福语，应是一种生日仪式。

汤饼在北方与南方的具体所指，似乎不一样。王维的诗作《赠吴官》取笑一位在长安讨取功名的江浙友人。诗中有言："江乡鲭鲊不寄来，秦人汤饼那堪许？"意思是江浙友人不适应长安的汤饼。笔者揣测，不适应的原因或许有两种：一是北方的汤饼与南方的汤饼做法不一样，口味不同；一是江浙地区以米食为主，长安地区以面食为主。

馎饦又称不托，即今天的面片汤。郑延昌在唐昭宗时期担任宰相。一天在政事堂准备吃饭的时候，他的弟弟，太常博士郑延济来了，于是两人一起吃饭。郑延济手里端着一碗馎饦，吃了数口之后，碗掉在地上。原来他得了风痹症，第二天就去世了。

索饼又称水引饼，即今天的面条。《食医心鉴》中记载有葛粉索饼、羊肉索饼、黄雌鸡索饼、榆白皮索饼、丹鸡索饼等多种索饼。此外，权贵豪门还吃一种像草叶一样薄的草皮索饼。仅凭名称，就可想见制作精细。这说明索饼十分流行，而且用于食疗。

唐朝的馄饨与今天类似。唐人李匡乂（yì）在《资暇集》中说："馄饨，以其象浑沌之形，不能直书'浑沌'而食，避之，从'食'可矣。"这段话解释了"馄饨"二字的来历。不过，"浑沌"在《史记》《庄子》《神异经》中均有所指，李匡乂所言"浑沌"是何物，则不甚了了。

唐朝豪门贵族会食用制作精良的馄饨。韦巨源烧尾宴食单中有"生进二十四气馄饨"。"生进"意为用煮沸的汤料倒进盛着生馄饨的器皿中，"二十四气"意为二十四种花形、馅料。制作的精良程度可见一斑。著名的萧家馄饨，过滤掉汤中的肥油，可以用来泡茶。萧家是权贵豪门，馄饨汤能用来泡茶，不仅说明水质好，而且说明面粉的质量好，制作工艺优良。这种馄饨，就是在食品科技发达的今天，估计也很少有厨师能做出来。

刘禹锡曾用香椿根磨粉制作馄饨，称为椿根馄饨。椿根馄饨像皂荚子一样大，在立秋前后食用，对痢疾、腰痛可起到治愈作用。

汤饼中有一些比较独特的种类，如梅花汤饼、兔汤饼。梅花汤饼即形状像梅花的汤饼。长庆元年（821）发生了科场舞弊案，主考官钱徽被贬为湖州刺史。唐敬宗宝历年间，身怀奇术的石旻（mín）来到钱徽的身边，他猎获了兔子，为钱徽的两个儿子做了兔汤饼。兔肉做成汤饼的馅，或是加工成汤。这两种汤饼的具体所指均不详。有一种汤饼类似于今天的冷面，叫冷淘。夏天，皇宫中御厨会制作冷淘。冷淘中有一种槐叶冷淘，用槐叶汁和面制作而成，因杜甫有同名诗作而名扬天下。杜诗描述了槐叶冷淘的烹制过程："青青高槐叶，采掇付中厨。新面来近市，汁滓宛相俱。入鼎资过熟，加餐愁欲无。"

胡饼，顾名思义，是源自胡人的饼。其多为烤制，是大众化食品。唐朝开国功臣李靖在与红拂女私奔途中遇到虬髯客，三人一起吃胡饼与羊肉。至于是不是胡饼夹羊肉，不得而知。至德元载（756），唐玄宗逃离长安，到达咸阳时正好是中午吃饭时间，宰相杨国忠从街市上买胡饼给唐玄宗当午饭。刘伯刍在唐宪宗时期任刑部侍郎，住所的巷口有一个卖饼的摊贩。他每天早晨一边对着炉子烤饼，一边唱歌。刘伯刍于是给了他一万钱，增加他的本钱，让他每天用胡饼偿还。会昌元年（841）正月六日，日本僧人圆仁获唐武宗赏赐胡饼、寺粥，并称“时行胡饼，俗家皆然”。

白居易曾亲手制作一种带胡麻的胡饼，称为胡麻饼。其诗作《寄胡饼与杨万州》曰：“胡麻饼样学京都，面脆油香新出炉。寄与饥馋杨大使，尝看得似辅兴无。”这种胡麻饼既然可以寄送，就能保存较长时间，所以应是干胡饼。天宝二载，僧人鉴真二度东渡日本，在扬州采购的食物中有两车干胡饼。有学者认为，这种干胡饼就是馕。

还有一种带馅的胡饼，较大，称为古楼子。它用一斤羊肉搭配胡椒、豆豉做馅，表面涂抹酥油，在炉子中将肉烤到半熟后食用。古楼子如此制作，完全属于权贵豪门家的食物。诗人郎士元喜欢开玩笑，经常说“郭令公（即名将郭子仪）不入琴，马镇西（即名将马燧）不入茶，田承嗣（任魏博节度使）不入朝”。一天，马燧请郎士元喝茶。因为早起吃了古楼子，所以喉咙很干，与郎士元一连喝了十余瓯茶。郎士元年老，喝完茶后虚冷腹胀，就打算离开，但马燧不让他走。两人又喝了七瓯茶，郎士元才离开。没过几天，郎士元病倒，马燧送给他二百匹绢。古楼子还有如此功效，令人忍俊不禁。

胡饼也有蒸制的。皮日休描述好友陆龟蒙招待自己，曰："胡饼蒸甚熟，貊盘举尤轻。"刘晏在唐代宗时期任宰相。有一天凌晨上朝，路上看见摊贩卖热气腾腾的蒸胡饼，就派人买了几个，用袍袖包着吃了，并对同僚说："美不可言，美不可言。"

在蒸饼、汤饼、胡饼之外，唐人食用的饼还有煎饼、夹饼、饼餤（dàn）、环饼、鸣牙饼、二仪饼、糖脆饼、噎鸠饼、薄夜饼、雀喘饼等。煎饼是煎制的饼，夹饼类似于今天的肉夹馍，饼餤是用烙好的薄饼卷肉横切而成，环饼是用油炸的馓子。至于后六种，则形制不明，但足见唐朝饼食洋洋大观。

赠刘师服

韩愈

羡君齿牙牢且洁，大肉硬饼如刀截。
我今呀豁落者多，所存十余皆兀臲（niè）。
匙抄烂饭稳送之，合口软嚼如牛呞（shī）。
妻儿恐我生怅望，盘中不饤（dìng）栗与梨。
只今年才四十五，后日悬知渐莽卤。
朱颜皓颈讶莫亲，此外诸余谁更数？
忆昔太公仕进初，口含两齿无赢余。
虞翻十三比岂少？遂自惋恨形于书。
丈夫命存百无害，谁能点检形骸外？
巨缗东钓倘可期，与子共饱鲸鱼脍。

译文

羡慕你牙齿牢固而洁白，咬猪肉、硬饼像用刀切一样。

我现在啊牙齿残缺掉的多，留下的十几个都摇摇晃晃。

用勺子舀起软烂的饭，稳稳地送进嘴里；闭上口轻轻地咀嚼，像牛反刍一样。

妻子孩子担心我产生落寞的情绪，便不在盘子里盛放栗子与梨子。

我如今年龄才四十五岁，料想今后渐渐地粗鲁随意。

你红润的容颜、洁白的脖颈没有变化，令人诧异；除此之外的种种情况，谁能改变命数呢？

回忆过去姜太公刚刚开始做官，嘴里只有两颗牙齿，没有多余的。

三国虞翻嘴里有十三颗牙齿，难道比姜太公少了吗？（但因为狂放不羁而不受重用）于是自我怨恨，只能通过著书立说来表现自己的才华。

男子汉活到一百岁也没有妨碍，谁能反省容貌之外的事情呢？

如果能期待你有像任公子到东海钓大鱼一样远大的济世抱负，我将与你一起吃足鲸鱼脍。

菜肴绝美

李林甫是唐玄宗跟前的“红人”，担任宰相有十九年之久，经常获赐食物。这些食物有粳米、面等主食，更多的是鯸鮧鱼（即河豚）、鲂鱼、鲑鱼、白鱼、螃蟹、车螯、蛤蜊、鹿肉、水犊肉等鱼鲜和禽畜肉。河鲜、海鲜不易保存，送食物的人当场烹制，采用皇宫中的做法，“不资椒桂之力，备适盐梅之味”。不使用花椒、桂皮这类香辛调料，可以保证食材原汁原味；使用盐、梅子，可使菜肴具备咸味、酸味，食用时清新爽口。另一位“红人”安禄山获赐的食物大致类似，有阔尾羊窟利（即肉干）、野猪鲊、鲫鱼、辽泽野鸡等。

唐玄宗赏赐的食物虽然出自宫廷，但充分反映了唐人流行食用水产品、禽畜肉，以及追求制作方法的精良。

唐人经常食用的水产品包括鲤鱼、鲈鱼、鲫鱼、鳜鱼、鲂鱼、白鱼、银鱼、鲶鱼、鳗鱼、鳢鱼、鳀鱼、鳣鱼、鳟鱼、黄鱼、泥鳅等鱼类，以及虾、螃蟹、鳖、蛤蜊、蚶等甲壳类。以鲤鱼为例。唐人食鲤鱼非常普遍。湖南观察使李琮曾得到渔夫赠送的一条数

高逸图（局部） 唐·孙位

尺长的鲤鱼，就命家人烹制。谁知鱼肚子里有一枚印鉴，上面刻着“衡山县印”四个字。原来，衡山县县令的印鉴被人偷走，他害怕受罚，就偷偷地命令工匠新刻了一枚。李琮怜悯县令，下令把新印打碎，将旧印交给县令带了回去。唐宪宗时，宰相权德舆曾用鲤鱼招待朋友，有诗曰：“骢马别已久，鲤鱼来自烹。”

鲤鱼中的红鲤鱼，格外受食客关注。张籍诗作《远别离》中提到了红鲤鱼：“长江鲤鱼鳍鬣赤。”句容（今属江苏）赤沙湖产一种叫朱砂鲤的红鲤鱼，味道极美。白居易有诗描绘濉河产的红鲤鱼：“濉水清怜红鲤肥。”白居易还有数次吃红鲤鱼的经历，一次在船上，“船头有行灶，炊稻烹红鲤”，一次生吃，“朝盘鲙红鲤”。

上述诸公吃鲤鱼多为烹制，属于红烧。唐人食鲤鱼还有其他三种常用的方式。一是腌制，用竹竿穿头部晾晒，即鲊。这种方式平淡无奇。一是制作生鱼片，选用一尺长鲤鱼，切掉鳍，在脑部或腹部拭刀，然后再切片，即鲙。鲙是唐人食鱼的时尚，通常佐以芥末酱。白居易诗曰：“鱼鲙芥酱调。”李白诗作《酬中都小吏携斗酒双鱼于逆旅见赠》描绘了现场制作鲙的情景：“双鳃呀呷鳍鬣张，跋刺银盘欲飞去。呼儿拂几霜刃挥，红肌花落白雪霏。”言下之意，鲙的优劣完全取决于刀工的高下，这恰恰是体现唐朝厨师烹饪技艺高超的地方。前述拭刀的做法，是为了切鱼片时不粘刀，从而让鱼片非常薄。其讲究程度令人不得不服。有一个叫南孝廉的人，擅长切鲙。他动刀时声音不仅有节奏，而且快捷得像回声一般。切的鱼片如同薄纱丝缕，轻盈得可以吹起来。更神奇的是，有一次南孝廉在客人面前炫技，将鱼架起来切片，忽然一声响雷，鱼片变成蝴蝶飞走了。南孝廉震惊不已，将刀折断，从此不再切鲙。此事虽是传奇，但足见唐朝厨师刀工的绝妙。杜甫有“刀鸣鲙缕飞”之句，就是证明。一是与驴肉或马肉一起煮，将驴肉或马肉滤去酸，与鲫鱼一起煮，即鱼肉冻。这种吃法和名称都比较奇特，反映了唐人在菜肴上追求奇绝的风尚。

唐朝皇帝姓李，“李”“鲤”同音，所以唐律规定：得到鲤鱼必须放走，不能吃；卖鲤鱼的杖六十。但是，从记载吃鲤鱼的众多诗文来看，这条禁令只是说说而已。

同样禁食的，还有作为耕田主力的牛。先天二年（713），唐玄宗敕令禁止杀牛。乾元元年（758），唐肃宗敕令，杀牛者杖六十，然后治罪。这同样没有起作用。大中二年（848），唐宣宗敕令州府官员严捕自行杀牛者、盗牛杀牛者，因为各地都不遵守禁止杀牛令。毕竟，面对美味，每一个人都会有一颗勇敢的心。

除了牛，唐人经常食用的禽畜肉还包括羊、猪、驴、狗、鸡、鹅、鸭、兔等。以羊为例。因为羊既不能耕田，又不能运物，所以吃羊肉十分流行。按照唐朝制度，亲王至二品官，每月供给二十只羊；三品官，每天供给羊肉四分（即一只羊的十分之四），每个月约十二只；五品官，每天供给羊肉三分（即一只羊的十分之三），每个月约九只。唐太宗的长子李承乾喜欢突厥风俗，经常让手下人烹羊，自己用佩刀割肉吃。羊肉是宴会上的常菜。李白诗曰：“烹羊宰牛且为乐，会须一饮三百杯。”贺朝诗曰：“玉盘初鲙鲤，金鼎正烹羊。”

烹羊类似于水煮羊肉，是唐人食用羊肉的常用方式。此外，唐人还有一些食用羊肉的方式，充满个性。武则天喜好食用“冷修羊肠”，大概是将羊肠煮好、放凉后切段。她的男宠张昌宗在手札中提到此事，说：“珍郎（指羊）杀身以奉国。”咸通九年(868)，同昌公主出嫁，其父唐懿宗赏赐灵消炙等食物。灵消炙是从一只羊上取下四两肉做成，即使在酷夏也不会腐坏。灵消炙的具体制作方式不见记载，但根据“炙”字，可以推断它属于烘烤类肉脯。韦巨源烧尾宴上有三道有关羊肉的菜肴，颇具特色。一是羊皮花丝，丝长一尺，通常认为它是羊肚丝，取“皮”通“膍”(即羊肚）之意。一是红羊枝杖，通常认为它是烤全羊，“枝杖”指将羊架起来烤。至于“红羊”是羊的品种还是烤后呈现红色，尚未可知。清朝时有菜肴“红羊枝杈”，指煨羊蹄或澧羊蹄，不知与红羊枝杖是否类似。一种是格食。北宋陶谷注曰：“羊肉、肠、脏缠豆荚，各别。”据此推断，格食是有关羊肉的一道菜肴，但究竟是如何制作的，无从知晓。

将个性化发挥到极致的吃法，是“过厅羊”。有一个叫熊翻的人，每次宴请朋友，酒过数巡之后，都在台阶前杀羊，让众人按照自己的喜好割下羊肉，系上彩绳作为标记。羊肉蒸熟后，众人按照标记取出属于自己的那份，用刚竹制成的刀子切食。这种做法盛行一时，称为“过厅羊”。由于羊肉是蒸熟，想必食用的时候需要蘸调料。

有一道与羊肉有关的菜肴叫“浑羊殁忽”，时至今日，都是传奇般的存在。“浑羊殁忽”又称浑羊没忽、浑羊设，制作方法非常有特点：每次宴会，根据客人数量准备好鹅，将鹅去毛及内脏，和肉、糯米饭及调味料拌匀腌制；将一只羊去毛及内脏，将腌过的鹅放在羊肚子里，缝合后放在火上烤；等羊肉烤熟后，打开缝口，取出鹅。关键的时刻到了，鹅和羊怎么吃？《太平广记》记述“浑羊殁忽”时说：“羊肉若熟，便堪去却羊、鹅。鹅浑食之。”鹅已经腌过，再食用好理解。烤好的羊怎么办？答案是：不吃。北宋钱易所撰《南部新书》为这个答案提供了旁证：“肉熟，便堪去却羊，取鹅浑食之。”所以，“浑羊殁忽”是烤全鹅。难怪南北朝时期人虞悰称这道菜肴“最为珍食”。至于不吃的“浑羊”，也许是扔了，也许是赏赐给仆人等吃了。

“浑羊殁忽”显然与百姓绝缘。曹邺诗作《贵宅》曰：“此地日烹羊，无异我食菜。”百姓食用的菜肴，更多的是各类蔬菜。

唐朝时期的蔬菜品种很多。医家孙思邈生活于北朝、隋、唐时期，其著作《备急千金要方》中“菜蔬”部分，收录食用蔬菜四十余种。具体而言，唐人经常食用的蔬菜有葵菜、韭菜、薤（即藠头）、蒜、葱、芹菜（包括水芹与旱芹）、芜菁、莲藕、芦菔（即萝卜）、芋头、竹笋、莴苣、菘（即白菜）、茄子、菠菜、蕹菜（又名空心菜）、藿（即豆叶）、莼菜、蕨菜、薇菜、荇菜、慈菇、藜菜、荠菜、蓼菜、堇菜、苍耳、马齿苋、苜蓿以及菌类、瓜类等数十种。以竹笋、莼菜为例。

唐人食用竹笋，不分南北，不分季节。每年农历四月以后，樱桃、春笋上市，长安城内官府的厨房纷纷用二者制作菜肴。它们还因此得了一个外号，叫“樱笋厨”，可见食笋非常流行。刘长卿在拜访住在鹦鹉洲（在今湖北武汉）的朋友王处士时，王处士用野笋做的菜肴招待他：“问人寻野笋，留客馈家蔬。”湘源（今广西全州）人农历十二月食用“斑皮竹笋”，味道鲜美超群，“诸笋无以及之”。白居易在夏天吃早饭时，将笋当作菜肴：“烹葵炮嫩笋，可以备朝餐。”

笋的制作方法主要有煮、蒸两种。煮笋是取笋本身的滋味，但是整个煮还是切片煮、加何种调料等细节则无记载。唐诗中有两种煮笋的方法较为特别：一是在竹林边煮。姚合诗曰：“就林烧嫩笋。”刚采的嫩笋马上就煮，一定会最大限度地保持原味。一是用煤炭煮。韩翃诗曰：“五侯焦石烹江笋。”相对草木火而言，煤炭火持久而恒定，用它煮的笋估计比较软烂。这两种煮法的细节同样无记载。唐末王延彬的诗作《春日寓感》中提到了竹笋羹：“自煮新抽竹笋羹。”竹笋羹是汤菜，属于煮笋。蒸笋是用整个笋蒸，熟后剥壳食用。白居易诗作《食笋》描述了蒸紫笋的过程：“置之炊甑中，与饭同时熟。紫箨坼故锦，素肌擘新玉。”它的味道超过了肉：“每日遂加餐，经时不思肉。”另外，唐朝医家关于笋的食法，主要有干笋、酱笋两种。酱笋出自张鼎的《食疗》，方法是用慈竹芽与姜一起酱食。

莼菜又称蓴（pò）菜、水葵，唐诗中多有提及。莼菜口感滑腻，制作方法单一，只有做羹一种。不过，莼菜羹是江南地区菜肴中的“明星”，有“羹之绝美”的盛誉。

陆机说莼菜羹不必加豆豉调味，但实际上唐人的做法中加了豆豉。杜甫诗曰：“豉化莼丝熟。”白居易诗曰：“水葵盐豉絮。”梅尧臣诗曰：“剩持盐豉煮紫莼。”除了加豉，还加姜。李商隐诗曰：“蜀姜供煮陆机莼。”

调味品加与不加，无高下之分，完全凭口味的喜恶而定。对于生活在一个大时代的个体而言，这就是菜肴的魅力所在。

奉酬袭美先辈初夏见寄次韵

陆龟蒙

积雨晦皋圃，门前烟水平。
蘋蘅增遥吹，枕席分余清。
村旆诧酒美，赊来满铿程。
未必减宣子，何羡谢公荣。
借宅去人远，败墙连古城。
愁鸱占枯枿，野鼠趋前楹。
昨日云破损，晚林先觉晴。
幽篁倚微照，碧粉含疏茎。
蠹简有遗字，先琴无泛声。
蚕寒茧尚薄，燕喜雏新成。
览物正摇思，得君初夏行。
诚明复散诞，化匠安能争？
海浪刷三岛，天风吹六英。
洪崖领玉节，坐使虚音生。
吾祖傲洛客，因言几为伧。
末裔实渔者，敢怀干墨卿。
唯思钓璜老，遂得持竿情。
何须乞鹅炙，岂在斟羊羹？
畦蔬与瓮醁，便可相携迎。
蟠木几甚曲，笋皮冠且轻。
闲心放羁靮，醉脚从欹倾。

一径有余远，一窗有余明。

秦皇苦不达，天下何足并？

译文

长久下雨，雨水覆盖了池沼园圃；门前雾霭迷蒙的水面平坦。

风从远处吹来，蘋草、杜衡层叠；枕头和凉席散发出余留的清凉之气。

乡村酒店的酒美味，令人惊讶；赊来满满一铚程。

不一定比赵宣子才华低，也不用羡慕谢安的荣耀。

借居的屋子离人群远，残破的墙壁与古城相连。

憔悴的鹞鹰占据着枯枝，野外的老鼠跑向殿堂前的柱子。

昨天云彩消散好像残破损坏，傍晚的树林首先发现天放晴。

幽深的竹林靠近微微的光，挺拔的竹茎像涂抹了绿色的粉。

破旧的书籍中有残留的文字，先世的琴奏不出和谐的泛音。

蚕寒冷，但茧仍然薄；燕子欢乐，幼燕刚刚诞生。

观看景物，正在浮想联翩，得知

您在初夏时外出。

修养诚心美德又散漫放诞，怎么能与造物者竞争呢？

海浪冲洗着蓬莱、方丈、瀛洲三座岛，天上的风吹动着雪花。

洪崖先生带着调节乐声的乐器，让优美的音乐得以产生。

我的先祖藐视京城的官员们，因为言谈不当几乎成为鄙贱之人。

后代子孙如我辈做了隐居的钓鱼人，怎么可能不追求诗文创作。

只是想愿者上钩的姜太公，于是接受拿着竹竿钓鱼的心情。

何必讨要烧鹅这样的美食，命运哪里取决于舀取一碗羊羹？

有了田里的蔬菜与坛子里的美酒，就能带着它们迎接您。

难以为器的蟠木非常弯曲，笋壳用处超群而且轻便。

心情闲适，解下马络头和缰绳；喝醉了，脚步歪歪斜斜。

一条小路有充足的距离，一扇窗户有充足的光明。

秦始皇苦恼不能完成志向，天下哪里值得吞并？

茶道大行

今人谈茶，言必称“茶道”。“茶道”二字的出现，最早可追溯到唐朝。

安史之乱爆发后，竟陵（今湖北天门）人陆羽所撰《茶经》问世。《茶经》是世界上第一部茶叶专著，内容涉及茶叶的源流、现状、生产以及饮茶用具、方法等方方面面。根据天宝十五载（756）进士封演的记载，《茶经》中介绍的都篮“远近倾慕，好事者家藏一副”。最重要的是，有一个叫常伯熊的人，对陆羽的论说进行润色、推广，“于是茶道大行，王公朝士无不饮者”。皎然的诗作《饮茶歌诮崔石使君》曰：“孰知茶道全尔真，唯有丹丘得如此。”这两处诗文，是“茶道”的最早记载。由是观之，《茶经》问世之后，茶道开始流行。

唐玄宗开元年间，泰山灵岩寺的降魔师依靠饮茶，不仅学禅不睡觉，而且不吃晚饭。他们带着茶，每到一地都煮饮。人们争相效仿，饮茶从南方向北方传播。各地的茶铺、茶叶产量随之增多。经过唐肃宗至德年间与唐代宗大历年间的发展，到唐德宗建中时期，饮茶盛行，成为风俗。这些是茶道流行的基础。

最能体现唐人茶道特点的，是唐诗中大量有关茶叶品种、采摘、制作以及煮茶、品茶、茶具等方面的描述。仅举两例。大和三年（829），年近六旬的白居易分司东都。好友元稹作《一字至七字诗·茶》相赠："茶。香叶，嫩芽。慕诗客，爱僧家。碾雕白玉，罗织红纱。铫煎黄蕊色，碗转曲尘花。夜后邀陪明月，晨前命对朝霞。洗尽古今人不倦，将知醉后岂堪夸。"此诗内容全面，不仅包括茶的特点、爱茶人，还有煮茶过程、饮茶时间及功效，堪称茶道的精当总结。有"茶仙"之称的卢仝，曾隐居少室山（在今河南登封西北）。千里之外的友人、常州刺史孟简派人上门送来大名鼎鼎的阳羡茶，卢仝饮用后作《走笔谢孟谏议寄新茶》以表谢意。饮茶盛行，文人之间互赠茶叶成风，此诗是典型代表。此诗中最精彩的部分以《七碗茶歌》（又称《七碗茶》《七碗茶诗》）之名行于世，历来备受称道："一碗喉吻润，二碗破孤闷。三碗搜枯肠，惟有文字五千卷。四碗发轻汗，平生不平事，尽向毛孔散。五碗肌骨清，六碗通仙灵。七碗吃不得也，唯觉两腋习习清风生。"在描述饮七碗茶的功效中，将生理感受与心理感受贯通，达到审美的高度，从而体现了茶的美学意义。笔者以为，这才是茶道的真谛所在。

饮茶盛行，茶叶生意随之兴旺发达。每到茶熟之际，茶商纷纷聚集到产茶地。祁门（今属安徽）山多地少，到处种茶。每年农历二三月，带着钱与丝帛的茶商摩肩接踵。婺源（今属江西）的方茶制作精良、不杂木叶，吸引了众多的茶商，"数千里不绝于道路"。浮梁（今属江西）也是茶商的聚集地。白居易的诗句

“商人重利轻别离，前月浮梁买茶去”，就是真实的写照。

商人重利，做茶叶生意带来了他们所期望的利益。安仁（今属江西鹰潭）有一个叫吕璜的人，在江浙一带以贩茶为业，历经数年发家。吕璜财富不菲，擅长行酒令，与广陵富商大贾结交游乐，并跻身其中。洛阳商人王可久每年在外贩卖茶叶，获利颇丰，积累了巨额的财富。唐宪宗元和初年，韩城（今属陕西）有一个叫藺如宾的人因为眼热茶商王兰的财富，竟然趁他生病卧床时杀了他。王兰财富雄厚，贩卖茶叶的收益达到数百万钱，而且保持数年。

杜牧曾发现江淮地区的茶山存在一个奇特的现象。每到茶熟之时，各地的商人纷纷进山交易，一些劫匪混迹其间，用抢劫来的“异色财物”换购茶叶。这是因为“异色财物”太惹人注目，劫匪“不敢货于城市，唯有茶山可以销受”。劫匪用所劫财物换购茶叶再销售，不是偶然为之，而是一门“终而复始”的生意：“濠、亳、徐、泗、汴、宋州贼，多劫江西、淮南、宣、润、等道。许、蔡、申、光州贼，多劫荆襄、鄂岳等道。劫得财物，皆是博茶，北归本州货卖，循环往来，终而复始。”

劫匪卖茶叶，官吏也不甘寂寞。唐宣宗在位期间，度支、盐铁、户部三司的茶纲多年亏欠，原因是“将茶赊卖于人”。淮西节度使吴少阳为了扩充军队的实力，经常抢劫寿州（今安徽寿县）的茶山。乾宁元年（894），淮南节度使杨行密派手下唐令回运送一万余斤茶叶到汴宋销售。谁知东平王朱温抓住了唐令回，将茶叶占为己有。自此，唐末这两大军阀有了矛盾。天祐三年（906），卢龙节度使刘仁恭为了获利，下令禁止南方茶在辖境内销售，自己派人占山种茶。可见卖茶叶获得的利润是多么地丰厚。

贞元九年（793），唐德宗接受盐铁使张滂的建议，下诏在出茶州县及茶山的通道上设置机构，根据茶叶质量的优劣确定上、中、下三等时价，“每十税一”。这是唐朝征收茶税的开始。征收茶税果然使朝廷赚得盆满钵满。当年，唐政府的茶税收入达到四十万贯。茶叶生意的繁荣程度由此可见一斑。

征收茶税之后，茶商收购茶叶处于政府的严密监管之下，贩卖私茶被严令禁止。唐文宗时期规定，茶叶种植户私卖茶叶十斤至三百斤者，罚钱一百文、脊杖二十；犯三次以上者，加重徭役。唐宣宗大中初年规定，私卖茶叶三百斤三次者，判处死刑；结伙长途贩茶者，不论多少，皆判处死刑。但是，在利益面前，铤而走险的大有人在。富家大户勾结官员贩卖私茶，成为时弊。征收茶税机构的基层官吏，则联合茶叶种植户、茶商贩卖私茶。前述劫匪也是属于贩卖私茶。

这一切，都是因为茶道盛行。

与孟郊洛北野泉上煎茶

刘言史

粉细越笋芽，野煎寒溪滨。
恐乖灵草性，触事皆手亲。
敲石取鲜火，撇泉避腥鳞。
荧荧爨（cuàn）风铛，拾得坠巢薪。
洁色既爽别，浮氲亦殷勤。
以兹委曲静，求得正味真。
宛如摘山时，自歠（chuò）指下春。
湘瓷泛轻花，涤尽昏渴神。
此游惬醒趣，可以话高人。

译文

江浙地区的笋芽茶粉末细小，在野外寒冷的溪流边煎煮。

担心违背灵草的天性，任何事情都亲自动手。

敲击火石取得新火，轻轻地舀起泉水以避开污秽。

烧茶铛的火在风的吹拂下闪动，捡起未烧尽的柴放进火里。

茶水的颜色已经清亮，飘浮的热气也反复不断。

凭这个让自己获得清静，得到原本而纯正的滋味。

就像在山上采摘茶叶的时候，各自饮用手指下的春天。

湘地产的瓷杯中浮起微微的花纹，彻底洗去昏乱饥渴的神志。

这一次游玩兴味惬意而清醒，能够与超凡脱俗的人交谈。

酒风飞扬

武德二年（619），刚做了一年皇帝的唐高祖为了节约粮食，下令禁酒："关内诸州官民，宜断屠酤。"戏剧性的是，唐朝酒业就此走上了蓬勃兴盛的发展之路，饮酒之风大炽。从宫廷皇室、各级官员到军中将士，从文人学士到普通百姓，每个阶层都饮酒。

贞观四年（630），数千回纥人到长安朝贡，唐太宗设宴招待。为了让所有人都能饮酒，宴会采用奇特的"潜泉浮酒"的饮用方式：在殿前筑高台，台上放置银瓶；酒倒进连着瓶子的通道后流进瓶子，再顺着通道流到摆放在众人面前的酒坛中；酒坛的容量有百斛，可以随取随饮。宴会结束时，瓶子里的酒还有大半。贞观二十一年（647），唐太宗又用此种方式招待数千铁勒人。按照唐朝制度，亲王至二品官员每天赏赐九斗酒，三品官员每天赏赐一斤半酒，四品与五品官员每天赏赐一升半酒。可见官员饮酒是常事。

唐朝文人学士饮酒，是中国文化史上一个独特的现象。在"酒催诗兴""酒助艺事""饮酒则欢乐"的氛围中，几乎可以说无人不饮酒。武德年间，王绩在门下省待诏而不去，是因为留恋俸禄中有三升酒。江国公陈叔达听说后，特批每天给王绩一斗酒。王绩因此被称为“斗酒学士”。王绩酒量很大，饮五斗而不醉，称自己为“五斗先生”。吴道子好酒，每次画画时，都必须酣饮。“草圣”张旭每次醉酒之后，号呼狂走，索笔而书，写出的字“变化无穷，若有神助”，世称“张颠”。杜甫诗曰：“张旭三杯草圣传，脱帽露顶王公前，挥毫落纸如云烟。”开成三年（838），六十七岁的白居易退居洛阳，觞咏之兴未衰，作《醉吟先生传》，记述自己的生活。文中，白居易为自己纵情诗酒辩护：“今吾幸不好彼（指炼丹服药）而自适于杯觞、讽咏之间，放则放矣，庸何伤乎？……吟罢自哂，揭瓮拨醅，又饮数杯，兀然而醉。既而，醉复醒，醒复吟，吟复饮，饮复醉，醉吟相仍若循环然。由是得以梦身世，云富贵，幕席天地，瞬息百年。”这种观点代表了唐朝文人学士“仙人殊恍惚，未若醉中真”的态度。

唐朝文人学士饮酒，不分地点、场合、心情。以李白为例。李白嗜酒如命，“日与饮徒醉于酒肆”。高兴时饮酒，“五花马、千金裘，呼儿将出换美酒，与尔同销万古愁”；不得志时饮酒，“且乐生前一杯酒，何须身后千载名”；旅途中饮酒，“兰陵美酒郁金香，玉碗盛来琥珀光”；送别友人时饮酒，“斗酒渭城边，垆头醉不眠”；孤单一人时饮酒，“花间一壶酒，独酌无相亲”；下雪时饮酒，“子猷闻风动窗竹，相邀共醉杯中绿”；狎妓时饮酒，“美酒樽中置千斛，载妓随波任去留”；等等。值得一提的是，唐朝狎妓、饮酒之风并行，以至于出现了专门以侍酒为业的“饮妓”。

唐朝文人学士饮酒，胆大如天，豪气干云。杜甫的诗作《饮

十八学士图（局部） 宋·佚名

中八仙歌》，描述了贺知章、李琎、李适之、崔宗之、苏晋、李白、张旭、焦遂饮酒的狂放不羁之态：“知章骑马似乘船，眼花落井水底眠。汝阳三斗始朝天，道逢曲车口流涎，恨不移封向酒泉。左相日兴费万钱，饮如长鲸吸百川，衔杯乐圣称世贤。宗之潇洒美少年，举觞白眼望青天，皎如玉树临风前。苏晋长斋绣佛前，醉中往往爱逃禅。李白一斗诗百篇，长安市上酒家眠。天子呼来不上船，自称臣是酒中仙。张旭三杯草圣传，脱帽露顶王公前，挥毫落纸如云烟。焦遂五斗方卓然，高谈雄辨惊四筵。”八人酒量有大有小，但饮酒的胆量与豪气不分伯仲。杜甫称他们为“仙”，恰如其分。八人中，最具代表性的是李白。李白的酒胆、酒量之大，令人瞠目结舌。独酌之时，“三杯通大道，一斗合自然”；高兴之时，“会须一饮三百杯”；心情郁闷时，“愁来饮酒二千石”，甚至“我且为君捣碎黄鹤楼”。如此酒胆、酒量，做出“力士脱靴，贵妃捧砚”之举，自然不会让人惊讶。

普通百姓饮酒也可谓频繁。逢一年四季的节庆日，会饮酒。顾况诗曰：“谁家无春酒，何处无春鸟?”参加各类宴会、皇帝赐酺（pú）时，也会饮酒。唐朝时，洛阳有为梨花洗妆的风俗。每到梨花开放的时候，人们带着酒来到花下饮用，美其名曰“为梨花洗妆”。其实，这不过是赏花饮酒而已。

众多人饮酒，直接促成了酒肆繁荣。酒肆指制酒售酒的场所，有酒楼、酒家、酒店、旗亭、酒舍、酒垆等多种称呼。唐朝时，酒肆遍布城市与乡村。长安城内酒肆众多，每到春天，“无人不沽酒”。贞元二年（786），长安缺粮，韩滉运来三万斛米。唐德宗十分高兴，命人到街市上买酒庆贺。长安城外也有很多酒肆。据载，从昭应县（今西安临潼区）到长安，乡村酒肆纷纷在路边摆摊卖酒，路人称之为“歇马杯”。万里桥是成都繁华的码头，酒肆众多。张籍诗曰：“万里桥边多酒家。”西汉时，卓文君当垆卖酒，司马相如涤器。唐时蜀地士人仰慕司马相如涤器之风，无人不买酒饮用。可见蜀地酒肆的数量繁多。大和元年（827），成都人陈会考中进士。宰相李固言看了陈会的“报状”（报告事由的信札），知道他家开酒肆，就收下他的酒旆（pèi），让他家的酒肆关门。大概是因为酒肆生意兴隆，所以陈会的家人不愿关门。建康、扬州、苏州等地的酒肆也很多。甚至连凉州（今甘肃武威）这样的边陲城市，也有酒肆。元稹的诗作《西凉伎》曰：“楼下当垆称卓女，楼头伴客名莫愁。”

为了提升竞争力、吸引酒客，酒肆纷纷采用美女当垆（垆是酒肆放置酒坛的台子，当垆指站在垆前或面对着垆）卖酒、悬挂酒旗、灵活交易等多种经营方式。

美女能快速吸引视线，当垆卖酒更容易出业绩，所以酒肆普遍采用美女当垆的售卖方式。唐诗中对此多有描述。例如，李白诗曰“正见当垆女，红妆二八年”，贾至诗曰“红粉当垆弱柳垂，金花腊酒解酴醾（tú mí）”，陆龟蒙诗曰“锦里多佳人，当垆自沽酒”，等等。当年卓文君当垆卖酒，以此支撑她与司马相如的日常生活，收效甚佳。想必唐朝酒肆让美女当垆卖酒来源于此。

胡人经营的酒肆也是以美女当垆，即胡姬当垆。李白诗曰：“胡姬貌如花，当垆笑春风。”唐朝胡风盛行，胡人经营酒肆的现象十分普遍。长安城内有很多胡人酒肆，而且都以胡姬当垆。天宝初年，李白在长安青绮门一家胡人酒肆中为友人裴图南送行：

"胡姬招素手，延客醉金樽。"长安富贵之家的少年任侠有志，"落花踏尽游何处，笑入胡姬酒肆中"。

酒旗又称酒旆、酒幔、酒帘等，是酒肆最常用的广告方式。杜牧诗曰："溪桥向吴路，酒旗夸酒美。"王建诗曰："酒幔高楼一百家，宫前杨柳寺前花。"李群玉诗曰："斜雪北风何处宿，江南一路酒旗多。"张籍诗曰："长干午日沽春酒，高高酒旗悬江口。"杜牧诗曰："千里莺啼绿映红，水村山郭酒旗风。"酒旗引人注目，让诗人竞相歌咏，是广告效果上佳的说明。

卖现货收现钱，是商家常用的交易方式。除此之外，唐朝的酒肆还采用以物换酒与质酒、赊酒等灵活的交易方式。名将张光晟在未发达之前，有一次经过华州的岳祠，"脱衣买酒，致奠金天王"。"脱衣买酒"是用衣服换酒。杜荀鹤诗曰："脱衣将换酒，对酌话何之。""五花马、千金裘，呼儿将出换美酒"，是说用宝马、裘衣换酒。唐懿宗的女儿同昌公主生活非常奢华，出入乘坐七宝步辇。有一天，一名太监到广化坊的一家旗亭买酒，闻到一股异香，就问当垆者是怎么回事。当垆者说："同昌公主的步辇夫用锦衣在这里换酒。"白居易曾见到有人用衣服质酒："有一燕赵士，言貌甚奇瑰。日日酒家去，脱衣典数杯。"

唐玄宗在位期间，西川（今四川中西部地区）有一个卖酒的商人，经常赊酒。有四个戴纱帽、拿藜杖的人总去他的酒肆饮酒，每次都饮数斗，积累到十余石才结账。唐宪宗元和年间进士李播经常赊酒，以至于债主上门讨债："去岁买琴不与价，今年沽酒未还钱。门前债主雁行立，屋里醉人鱼贯眼。"像李播这样赊酒欠债的情况并非个例。岑参"家贫酒债多"，韩偓"酒保频征旧债来”。王绩赊酒欠债，再赊时面露愧色：“来时长道贳（shì），惭愧酒家胡。”用赊酒的方式刺激酒客多饮收到了良好的效果，酒肆自然大赚。

有的酒肆别出心裁，让酒客在买酒之前试尝。广州人好酒，不分男女。酒肆允许客人品尝酒坛上白瓷杯里的酒，一次三文钱。这种方式称为“舐刮”。有的人不带钱，来来回回品尝，竟然喝醉了，结果遭到当垆妪的嘲笑。酒肆并没有因此取消试尝，原因是酒便宜。

酒便宜是因为民间酿酒发达。唐朝存在近三百年，只有从建中三年（782）到贞元二年（786）短短四五年间，朝廷明令酒全部由官府酿造，其余时期则以民间酿酒为主。

唐朝的酿酒技术已经较为成熟，甚至出现了通过加热处理酒醅和用石灰降低酒酸度的方法。有了技术，民间酿酒就有了前进的驱动力。民间酿酒分为酒肆酿酒和家庭自酿。酒肆酿酒大多采用前店后厂的模式，规模较大。家庭酿酒称为家酝，主要供自己饮用和待客。孟浩然曾在家中酿酒，一次友人到访，作诗曰：“府僚能枉驾，家酝复新开。”白居易分司洛阳之后，在家中酿酒：“家未苦贫常酝酒，身虽衰病尚吟诗。”唐玄宗贞观年间，太乐有一个小吏叫焦革，家传酿酒技艺，冠绝一时。王绩为了喝上焦革酿的酒，努力再三，让他在自己手下做事。不料数月之后，焦革就撒手人寰。王绩叹息说：“天乃不令吾饱美酒！”于是辞官而去。

民间酿的酒分米酒、果酒、药酒三种类型，并出现了一些广为流传的地方名酒。

米酒分浊酒、清酒两种。浊酒又称浊醪（láo）、白酒，汁液浑浊；清酒经过过滤，汁液相对清澈。唐诗中经常出现的“绿蚁”“浮蚁”等指浊酒。

果酒主要指葡萄酒、三勒浆。葡萄又称蒲桃、蒲萄。贞观年间，唐太宗派兵平定高昌（位于今新疆吐鲁番），得到马乳葡萄（即马奶葡萄）及酿酒方法。马乳葡萄种在皇家园林中，成熟后酿的酒呈绿色，“芳香酷烈，味兼醍醐，长安始识其味也”。这应该是中原地区酿制葡萄酒的开始。此后，葡萄酒及其酿造技术逐渐扩散。王翰《凉州词》曰：“葡萄美酒夜光杯。”太原进贡的土特产中也有葡萄酒。开元年间，杨贵妃与唐玄宗听李龟年歌唱李白的新辞，用“颇黎（玻璃）七宝杯”饮用西凉州葡萄酒。刘禹锡曾接待来自汾阴（在今山西万荣）的客人，其称葡萄“酿之成美酒，令人饮不足”。医家苏敬所撰《唐本草》中提及葡萄酒，曰：“作酒醴以曲为，而蒲桃、蜜等独不用曲。”医家孟诜云：“葡萄不问土地，但收之酿酒，皆得美好。”

三勒浆又称三勒浆类酒，用诃黎勒、毗黎勒、庵摩勒三种外来果实酿制而成。三勒浆的酿制方法出自波斯，唐末《四时纂要》中有详细的记载：“造三勒浆：诃黎勒、毗黎勒、庵摩勒已上并和核用，各三大两，捣如麻豆大，不用细。以白蜜一斗、新汲水二斗熟调，投干净五斗瓮中，即下三勒末搅和匀，数重纸密封。三四日开，更搅。以干净帛拭去汗。候发定即止，但密封。此月一日合，满三十日即成。味至甘美，饮之醉人，消食下气。须是八月合即成，非此月不佳矣。”大历年间，唐代宗曾到太学，用三勒浆赏赐众人。开成二年（837），裴度以东都留守身份兼任北都留守。白居易经常参与裴氏十斋日活动，饮用三勒汤。三勒汤即三勒浆。后世记载酿制三勒浆时，要加陀得花。有学者认为，陀得花即陀得鸡花。但陀得花到底为何物，无详细解释。

果酒还有荔酒、石榴酒。荔酒即荔枝酒。唐朝人李文孺的家奴外出时，将荔枝贮藏在坛子里。到了夏天，荔枝变成了汁液，香气外溢。李文孺将曲和粳米饭放进去，三天之后成酒，香味浓郁。人们纷纷效仿，酿制荔酒。石榴酒见于乔知之的诗作《倡女行》："石榴酒，葡萄浆。"但其酿制方法不见记载。

唐人用于养生或疗病的药酒，是在米酒中加入香料或药材酿制而成。《备急千金要方》记载有黄芪酒、地黄酒、天门冬酒、猪胆苦酒等数十种药酒及其酿制方法。唐人日常用药酒待客或自饮。姚合诗曰："客来初夜里，药酒自开封。"端午节时饮用的艾酒、蒲酒（即菖蒲酒），重阳节时饮用的菊花酒、茱萸酒，新年时饮用的屠苏酒，都属于药酒。松醪酒也是药酒，在唐朝时已经流行。李商隐有多首诗作描述松醪酒，似乎爱饮。北宋苏轼钟爱松醪酒，作《中山松醪赋》，记述松醪酒的酿制过程及味道："取通明于盘错，出肪泽于烹熬。与黍麦而皆熟，沸春声之嘈嘈。味甘余而小苦，叹幽姿之独高。"唐朝时松醪酒的酿制方法不详，应与苏氏的记述类似。与松醪酒相关的有松子酒、松花酒、松叶酒。

宝应元年（762），因参与永王之乱而被流放的李白遇赦，来到宣城，却因饮酒过度而醉死，时年六十二岁。四年后的永泰二年（766），一天，在耒阳（今属湖南）的杜甫吃了牛肉、饮了白酒，第二天竟然去世，时年五十九岁。"一酌散千忧。"李白、杜甫这两位传奇诗人，都在酒中告别了忧愁。这大概是饮酒之风大炽的根本原因吧。

将进酒

李白

君不见，黄河之水天上来，奔流到海不复回。
君不见，高堂明镜悲白发，朝如青丝暮成雪。
人生得意须尽欢，莫使金尊空对月。
天生我材必有用，千金散尽还复来。
烹羊宰牛且为乐，会须一饮三百杯。
岑夫子，丹丘生，将进酒，杯莫停。
与君歌一曲，请君为我倾耳听。
钟鼓馔玉不足贵，但愿长醉不复醒。
古来圣贤皆寂寞，惟有饮者留其名。
陈王昔时宴平乐，斗酒十千恣欢谑。
主人何为言少钱，径须沽取对君酌。
五花马、千金裘，呼儿将出换美酒，与尔同销万古愁。

㊂译文

你们没看见吗？黄河的水从天上流下来，奔腾着流进大海不再回来。

你们没看见吗？在厅堂里对着明亮的镜子，悲伤白发渐多，早晨还如青丝，晚上就变成白雪。

人生得意的时候应该尽情欢乐，不要让酒杯空空地对着明月。

上天造就了我的才干必定有用，千两黄金散发完了还会再得到。

姑且煮羊宰牛享受欢乐，恰逢时机，应该一次喝三百杯。

岑勋，元丹丘，请喝酒，不要停杯。

为你们歌唱一曲，请你们为我侧耳倾听。

有音乐珍馐的豪华生活不值得重视，我只愿酣醉不再醒来。

自古以来圣贤之人都孤单清静，只有喝酒的人留下了他们的名字。

当年陈王曹植在平乐观摆酒宴，一斗美酒价值十千钱，众人尽情地欢乐。

主人你为什么说钱已经不多，尽管端出酒来让我陪朋友喝。

名贵的五花马、价值千金的裘衣，叫侍童拿去换美酒，与你一起去除经历万世的忧虑。

第七章 居住

居住有制

大中三年（849）六月，义成军（治所在今河南滑县）节度使韦让在长安怀真坊沿街建造了九间房屋，因为侵占街道而遭到有司弹劾。韦让是唐宪宗的驸马，也是唐宣宗舅子。但唐宣宗没有网开一面，下令拆除韦让的房屋。

韦让违背的是不许侵占街巷、道路的禁令。永徽四年（653），长孙无忌等人编成《唐律疏议》。其中规定："诸侵巷街、阡陌者，杖七十。"大历二年（767）五月，唐代宗敕令，凡是侵街打墙、接檐造舍，全部拆除。大和五年（831）七月，长安城内侵占街道建房的现象越来越多，唐文宗敕令两个月内拆除这些房屋。

唐朝有《营缮令》，是有关工程建设的法令，但已佚失。所以，唐朝房屋制度的全貌今已无法了解。不过，史籍中有零星的关于唐朝房屋制度的记载。这些记载的内容主要是规定房屋的形制。

《唐律疏议》中有一条关于房屋形制的记载，即王公以下者建造房屋时，不得采用重拱（在斗拱之上再有两层拱）、藻井（建筑内呈穹窿状的天花）。至于对房屋形制其他方面的禁令，不得而知。成书于开元二十六年（738）的《唐六典》，较为详细地记载了不同房屋的形制："凡宫室之制，自天子至于士庶，各有等差。天子之宫殿，皆施重拱、藻井；王公、诸臣三品已上，九架；五品已上，七架，并厅厦两头；六品已下，五架。其门舍：三品已上，五架、三间；五品已上，三间、两厦；六品已下及庶人，一间、两厦；五品已上，得制乌头门。"架指檩条。九架指九根檩条，七架指七根檩条，五架指五根檩条。架的数量越多，屋顶越高。间指开间。两根立柱之间的宽度称为一间。间数越大，立柱数越多，房屋越宽。厦指正屋两侧的房子，两厦指正屋两侧各有一间厢房。乌头门又称乌头大门，宋朝时称为棂星门。它的结构简单，用一根横木搭在两根木柱之上，呈草字头形，柱头漆成黑色，故名乌头门。

《唐六典》中的规定，到唐文宗时期变化较大，不仅改变了标准，而且有新的内容。

大和五年（831）七月，经有司奏请，唐文宗重申唐肃宗至德年间、唐穆宗长庆年间的敕令：非三品以上官员、坊内三绝，不能向街开门，只能向坊内开门，向街开的门都要拆除。长安城内的街很宽敞，坊的四周有围墙。向街开门，意味着出入通畅，但会堵塞坊内的巷道，显然是一种特权。所以，只有三品以上官员才可以这样。坊内三绝指仅能一面开门，而且门夹在向街开门房屋之间的房屋。此种房屋如果向坊内的巷道开门，就无法通行。所以允许坊内三绝向街开门，并非给三品以下官员乃至士庶例外的特权，只是不得已而为之罢了。

大和六年（832）六月，唐文宗敕令："王公已下，舍屋不得施重拱、藻井。三品已上，堂舍不得过五间、七架,厅厦两头、门屋不得过五间；五品已上，堂舍不得过五间、七架,厅厦两头、门屋不得过三间、两架，仍通作乌头大门；勋官各依本品；六品、七品已下，堂舍不得过三间、五架，门屋不得过一间、两架。非常参官，不得造抽心舍及施悬鱼、对凤、瓦兽、乳梁装饰。其祖父舍宅，门荫子孙，虽荫尽，听依仍旧居住。其士庶、公私第宅，皆不得造楼阁临人家近者”，“又庶人所造堂舍,不得过三间、四架,门屋一间两架，仍不得辄施装饰。”抽心舍指前厅、后厅连接在一起的房屋。悬鱼是屋顶正脊两侧的装饰物，对凤、瓦兽是屋顶的装饰物，乳梁装饰指屋梁上的绘画、纹路及装饰物。

唐文宗敕令中“不得造楼阁临人家近者”的规定值得注意。楼阁属于高大的建筑，临近人家必然会将对方的活动尽收眼底。此条规定虽然说明在城市中建造大型建筑是皇家的特权，但更重要的是显示唐人具备了保护隐私的意识。它并非唐文宗的创新。大历十四年（779）六月，唐代宗敕令：“诸坊市邸店、楼屋皆不得起楼阁，临市人家勒百日内毁拆。”保护隐私是人类文明进步的必然要求。这两条规定表明，唐朝的文明已经达到一定的高度，无愧于盛世之名。

前述关于唐朝房屋制度的零星记载，明确地体现了等级性。房屋的形制不同，主人的身份、地位就不同。唐太宗即位后，天下趋于大治。累积了财富的官员、商人开始追求提升自己的身份、地位，大肆建造房屋便成了手段之一。豪宅之风就这样刮了起来。

伤宅

白居易

谁家起甲第，朱门大道边。
丰屋中栉比，高墙外回环。
累累六七堂，栋宇相连延。
一堂费百万，郁郁起青烟。
洞房温且清，寒暑不能干。
高堂虚且迥，坐卧见南山。
绕廊紫藤架，夹砌红药栏。
攀枝摘樱桃，带花移牡丹。
主人此中坐，十载为大官。
厨有臭败肉，库有贯朽钱。
谁能将我语，问尔骨肉间：
岂无穷贱者，忍不救饥寒？
如何奉一身，直欲保千年？
不见马家宅，今作奉诚园。

译文

谁家建起了豪华的宅第？漆成红色的大门开在宽阔道路的旁边。

宅第里高大的房屋像梳齿一样密密地排列，外面高高的围墙环绕。

六七个堂屋一座连着一座，房梁

与屋檐相互连接延伸。

造一座堂屋要花费一百万钱；高耸的屋顶的青色浓盛，像天空中飘起了青烟。

深邃的内室冬暖夏凉，寒冷与暑热都不能侵犯。

高大的厅堂宽敞而且深远，坐着或躺着都能看到终南山。

环绕走廊的是紫藤的架子，台阶的两旁有芍药的花栏。

拉住树枝采摘樱桃，牡丹开花移栽进庭院。

主人在这座豪华的宅第中安坐，连续十年做着大官。

厨房里有吃不完而败坏的肉，库房里有用不尽而串绳朽断的钱。

谁能传达我的话，询问你和你的家人：难道没有贫穷卑贱的人，怎么能忍心不救助这些饥饿和寒冷的人？

为什么只奉养自己，就想保住富贵千年？你可见到名将马燧家的旧宅，如今成为废弃的奉诚园。

别业勃兴

天宝三载（744）前后，王维出了长安城，来到城郊的辋川（在今陕西蓝田）山谷，购得宋之问的蓝田别墅，开始为自己建造居所与园林。这就是名贯后世的辋川别业。

别业又称别墅、别馆、草堂等，是古人在第宅之外另建的房屋、园林。唐朝时，权贵、普通官员、文人纷纷在第宅之外另建房屋、园林。据学者统计，各地可辑考的园林别业有七百余座。

权贵的别业大多豪奢绮丽，足显高位与富有。太平公主在长安东郊建有气派的南庄，从灞水一直延伸至终南山附近，里面有池沼、泉水、山石、楼阁等。薛王李业在长安城东也有别墅，“林亭幽邃，甲于都邑”。元载在长安城南的别墅，“连疆接畛，凡数十所”，里面有一百多名穿着丝帛衣服的婢女、仆人。郭子仪在长安城南的别墅，“林泉之致，莫之与比”。长安从樊川到杜陵之间，有很多官员建造的园林，以至于“泉石占胜，布满川陆”。贞观、开元年间，很多公卿贵戚在洛阳建别馆，“号千有余邸”。唐宪宗、唐穆宗、唐敬宗三朝宰相裴度，在洛阳午桥的别墅有

辋川十景图（局部） 明·仇英

“花木万株”，“中起凉台暑馆，名曰绿野堂。引甘水贯其中，酾引脉分，映带左右”。唐文宗、唐武宗时宰相李德裕，在洛阳伊阙有平泉别墅，“清流翠筱，树石幽奇”。

与权贵的别业比较，文人的别业则清雅幽静、景情交融，是寄心寓志、交游酬唱的精神栖居之所。

辋川“形胜之妙，天造地设”，是一个“据峣峰之胜”“境等桃源”的胜地。辋川别业“宅宇既广，山林亦远”，“引辋水激流于草堂之下，涨深潭于竹中”，“四顾山峦掩映，似若无路，环转而南，凡十三区，其美愈奇”，其间有二十处景观：孟城坳、华子岗、文杏馆、斤竹岭、鹿柴、木兰柴、茱萸沜、宫槐陌、临湖亭、南垞、欹湖、柳浪、栾家濑、金屑泉、白石滩、北垞、竹里馆、辛夷坞、漆园、椒园。完全称得上是“山水绝胜”。最妙的是，春天来临时，“草木蔓发，春山可望，轻鲦出水，白鸥矫翼，露湿青皋，麦陇朝　雊斯之不远”。一幅恬静纯净的山水画跃然纸上。

辋川有山水，还有田园：“良田美地，鸡犬相闻，可耕可樵，可渔可牧，此第一区也。”王维身在其中，过得完全是清心寡欲、淡泊自然的田园隐居生活。有时“与道友裴迪浮舟往来，弹琴赋诗，啸咏终日”，有时与“十数名僧以玄谈为乐”，有时独自“北涉玄灞，清月映郭。夜登华子冈，辋水沦涟，与月上下。寒山远火，明灭林外。深巷寒犬，吠声如豹。村墟夜舂，复与疏钟相间”。辋川别业的规模较大，每天有数十名童仆打扫卫生，有两名童仆专门负责做扫帚，有时候甚至来不及供给使用。但是，室内的陈设却极为简单，“惟有茶铛、药臼、经案、绳床而已”。

身处山水胜地、享受田园之趣，灵感必定勃发。王维创作了大量与辋川别业有关的诗作，以及广为后世临摹的《辋川图》。他与裴迪还以二十处景观为题，分别创作了二十首绝句，组成《辋川集》，成为一段佳话。

令人称道的是，辋川别业完全由王维本人设计。王维不仅见过诸多园林、别业，而且是一个造园高手。从《辋川集》来看，辋川别业顺应自然山水之景，布局建筑、山、水、植物，并将形、色、味、声诸元素结合，构建出一个自然之趣与人工智巧、诗情画意与恬静淡泊和谐搭配的园林空间，完全体现了王维的生活情趣、审美理想、人生追求。

辋川别业的景致与生活，完全契合文人关于桃源式理想的想象。这使它成为文人诗意栖居的代名词，以及古典山水园林的代表。

乾元元年（758），王维上书唐肃宗，将辋川别业的居所捐为佛寺。三年后的上元二年（761），王维病故。随着主人的逝去，辋川别业渐渐地湮没在历史的烟尘中。

其他知名的文人别业，有卢鸿一的嵩山草堂、卢纶的终南别业、杜甫的浣花溪草堂、柳宗元的八愚别业、白居易的庐山草堂与华山茅茨等。

别业并非权贵、普通官员、文人的专属。大历四年（769），僧人皎然建成苕溪草堂，并邀请被尊为“茶仙”“茶圣”的陆羽同住。大历十年（775），陆羽距湖州城不远的青塘别业落成。武则天时期宰相狄仁杰的堂姨卢氏，与独子住在洛阳午桥南的别墅，从没有去过洛阳的亲戚家。狄仁杰曾对卢氏说：“我现在担任宰相，表弟如果有什么想法，我愿意竭尽全力帮忙。”卢氏说：“宰相当然有地位。我只有一个儿子，不想让他侍奉女皇帝。”从卢氏的行事方式及态度看，她家境殷实，非攀附权贵之人，故她的别墅应与宰相狄仁杰无关。由是观之，唐人建别业、住别业是一种普遍流行的生活方式。这直接促成了别业的勃兴。

不调归东川别业

李颀

寸禄言可取，托身将见遗。
惭无匹夫志，悔与名山辞。
绂冕谢知己，林园多后时。
葛巾方濯足，蔬食但垂帷。
十室对河岸，渔樵祇在兹。
青郊香杜若，白水映茅茨。
昼景彻云树，夕阴澄古逵。
渚花独开晚，田鹤静飞迟。
且复乐生事，前贤为我师。
清歌聊鼓楫，永日望佳期。

译文

都说微薄的俸禄可以采用，以为能安身却又被遗弃。

惭愧没有平常人的志向，后悔与名山告别。

穿上官服谢绝会见知己，山林田园大都错过时机。

戴着葛布头巾并用河水洗去脚污，吃着粗食只是专心读书。

家家户户朝着河岸，打鱼、砍柴

都在这里。

春天的郊野杜若散发着香味，澄清的水映照着自己的房子。

白天的阳光穿透高大的树木照下来，傍晚阴沉的天气让四通八达的古道清静。

小洲上的花单单开放得晚，田地里的鹤悠闲地慢飞。

姑且再快乐地行事，把前代的贤人当作我的老师。

暂且一边划船一边清唱，成天盼望着与友人重聚的日子。

获房有径

乾宁四年（897）正月，平康乡（今属甘肃敦煌）百姓张义全因为缺粮，与令狐信通兄弟签订契约，以五十斛粮食、干货的价格，将一间房屋连同房屋所用的木头出售。这间房屋东西长一丈三尺五寸（约 4.1 米），南北长二丈二尺五寸（约 6.9 米），是张义全继承祖父的遗产。

此事说明，继承与购买是唐人获得房屋最常见的两种方式。唐人继承房屋，采用兄弟均分的方式，女性也有继承的权利。《开元令·户令》规定明确规定了男性、女性继承的方法："诸应分田宅者及财物，兄弟均分。妻家所得之财，不在分限。兄弟亡者，子承父分。兄弟俱亡，则诸子均分。其未娶妻者，别与聘财。姑、姊、妹在室者，减聘财之半。寡妻、妾无男者，承夫分。"至于没有兄弟的女性，无论出嫁与否，都可在父母去世后继承房屋等财产。

大和二年（828），沙州（今甘肃敦煌）人善护、遂恩兄弟俩分家。对继承自父辈的房屋、田地等财产，两人均分。盐官（今浙江海宁）人马湘是道士，云游四方多年，在大中十年（856）回到家乡，向嫂子提出分房屋，并说自己喜欢东园。当时，马湘的哥哥不在家。嫂子诧异地说："小叔久离家归来，兄犹未相面，何言分地？骨肉之情，必不忍如此。"三天后，马湘去世。分房之事自然不了了之。从马湘与嫂子所说的话看，其家的房屋是继承父辈的财产，为兄弟俩共有；分割时，需要两人都在场。

善护、遂恩兄弟与马湘兄弟俩继承、分割房屋等财产，没有矛盾和意外的事情出现。名将马燧之子马畅的遭遇，就几经波折。马燧十分富有，"赀甲天下"。贞元十一年（795），马燧病逝。他的宅第、田园由马畅继承。马畅善于经营，财富越来越多。有权贵眼红，多次试图夺取。马畅有一个兄弟叫马汇，似乎没有继承宅第、田园，所以他的妻子提起诉讼，要求析产。马汇有两个儿子。按照《开元令·户令》，即使马汇去世，他的两个儿子也可以继承马燧的宅第、田园，所以马汇的妻子要求析产完全正当。贞元二十一年（805），在宦官杨志廉的逼迫下，马畅捐出宅第、田园。巧的是，唐顺宗刚刚登基，就把这些宅第、田园赐还给马畅。这意味着马汇妻子析产的要求落空。但是，仍然有太监逼迫马畅将宅第、田园捐给寺院，马畅只得照办。马畅去世后，儿子们竟无房可住。

唐人购买房屋十分普遍。魏徵是唐太宗的宰相，名列"凌烟阁二十四功臣"第四位，但他的后代穷困，到唐宪宗时，不得不出卖旧宅求生。这座旧宅是唐太宗所赐。淄青节度使李师道向唐宪宗提出，准备自掏腰包，买下后还给魏徵的后代。白居易认为，李师道品行不佳，应该由官府出钱做这件事。最终，唐宪宗采纳了白居易的意见。唐穆宗时宰相段文昌豪爽洒脱，年轻时落魄潦倒。一天醉酒后，走在江陵（今湖北荆州）的大街上，看到街边有一座大宅，旁若无人地说："我做江陵节度使，必买此宅！"闻者皆笑。段文昌后来果然任荆南节度使，便买下此宅，兑现了酒后的诺言。

长安有一个白手起家的富商叫窦乂。一天，一个叫米亮的胡人告诉窦乂，崇贤里有一座小宅出售，价格二百千文，赶快买下。窦乂当即照办。窦乂签完买卖契约，米亮说："亮工于览玉，尝见宅内有异石，人罕知之，是捣衣砧，真于阗玉，大郎且立致富矣。"窦乂不信，米亮让他请来一个玉工鉴定。玉工看完后大吃一惊，说："此奇货也，攻之当得腰带銙二十副，每副卖钱三千贯。"窦乂就让他雕琢，得到銙等玉器数十个，共计卖了数十万贯钱。为了表示感谢，窦乂把小宅及宅契送给米亮。窦乂颇具商业眼光，花三万文钱买下长安西市一块十余亩的污水坑，填平后建起二十间店铺出租，每天获利数千钱。用今人的术语来说，窦乂是一个标准的商业地产开发商兼运营商。

窦乂的做法有两点值得关注：一是小宅的价格，一是买地及地价。关于唐朝的房价与地价，并没有系统的史料，所以难以判断其高低与升降趋势。不过，可以与唐人月收入的个例对照。唐宪宗元和年间，江淮人宋衎（kàn）在河阴县（今属河南郑州）盐铁院做书手（抄写员），每月薪水两千文。一年多之后，一个不识字的商人挖走宋衎，请他管理簿书（账册等文书），每月薪水八千文。大中初年（847），南阳人张茂实到洛阳，雇佣四十余岁的王夐（xuàn）做仆人，每月工钱五百文。以宋衎的收入，买一座售价二百千文的小宅很容易，在长安买地建房则不易。对张茂实而言，前者有很大的难度，后者是不可能的事情，要想做到，只能到乡下。对窦乂、李师道、段文昌这样的富商、权贵而言，实现两者则轻而易举。

安史之乱前，唐朝实行均田制，按人口分配土地。根据户部的规定："凡天下百姓给园宅地者，良口三人已下给一亩，三口加一亩；贱口五人给一亩，五口加一亩，其口分、永业不与焉。（若京城及州县郭下园宅，不在此例。）"这条规定在执行中并不严格。开元十八年（730），时任宣州刺史裴耀卿上书唐玄宗，建议"每户给五亩充宅，并为造一两口屋宇"。此建议是否被采纳不见记载。天宝三载（744），敦煌县神沙乡（今属甘肃敦煌）的张奴奴一家四口，有园宅地二亩。天宝六载（747），同县龙勒乡的阴承光载一家六口，有园宅地二亩。由于唐朝土地制度的传世史料过于简略，各地居民尤其是城市居民的园宅地情况，不得而知。

不过，买地建房无论难度多大，也是唐人获得房屋的主要方式。其他方式还有获赠（如前述胡人米亮）、皇帝赏赐、租赁等。另外，一些权贵会仗势夺房。

有意思的是，唐人也会换房。天复二年（902），敦煌县赤心乡百姓曹大行用舍地与同县洪润乡的百姓令狐进通换房。因为房子价值比舍地少，所以令狐进通补给曹大行九石粮食。其中五石是补偿房屋木头的价值，四石必须在订立契约当天支付。20世纪八九十年代，商品房尚未大行其道，以房换房曾风行一时。换房时，如果一方房屋的面积小或价值低，就必须以现金补偿相差的部分。这与曹大行、令狐进通的做法如出一辙。不得不说，历史的循环往复也包括生活的细节。

戏赠干越尼子歌

刘长卿

鄱阳女子年十五，家本秦人今在楚。
厌向春江空浣沙，龙宫落发披袈裟。
五年持戒长一食，至今犹自颜如花。
亭亭独立青莲下，忍草禅枝绕精舍。
自用黄金买地居，能嫌碧玉随人嫁。
北客相逢疑姓秦，铅花抛却仍青春。
一花一竹如有意，不语不笑能留人。
黄鹂欲栖白日暮，天香未散经行处。
却对香炉闲诵经，春泉漱玉寒泠泠。
云房寂寂夜钟后，吴音清切令人听。
人听吴音歌一曲，杳然如在诸天宿。
谁堪世事更相牵，惆怅回船江水渌。

译文

这个鄱阳（在今江西）的女子十五岁，家里本来是秦地的人，现在却在楚地。

厌烦了面对春天的江水徒劳地洗衣服，于是在龙宫里剃去头发穿上袈裟做尼姑。

五年来遵行戒律，经常一天只在

午前吃一餐；到现在相貌仍然像花一样美丽。

在佛寺下独自挺拔地站立，草与树木围绕着所住的房子。

自己用黄金买地建房居住，颇有才能而嫌弃美丽的女子嫁给别人。

来自北方的旅人遇到她，以为她姓秦；抛弃铅粉不化妆，仍然年轻美丽。

一朵花、一棵竹子如果有意味，不说话不笑也能留下人。

天色黄昏，黄鹂想栖息；经行的地方，香还没有烧尽。

她面对着香炉，悠闲地诵读经文；春天的泉水落在石头上发出清脆的声音，寒冷凄清。

夜里的钟声响过后，屋子里一片寂静；吴地的话音清亮而贴近，让我静听。

我听她用吴地的话音演唱一曲，像天上众多的星星一样遥远。

谁能忍受世事苍茫？我们更加互相牵挂，伤感地回到船上，江水依旧清清。

置宅有俗

“宅者，人之本。人以宅为家，居若安，即家代昌吉；若不安，即门族衰微。”古人将住宅上升到“人之本”的高度，视其为决定家庭、家族吉凶荣衰的因素，故置宅需从环境、位置、设施、身份等多方面考量。唐人也不例外。

唐人置宅讲究避免“五虚”、符合“五实”。“五虚”指宅大人少、门大内小、院墙不完、井灶不全、地多屋少。“五实”指宅小人多、宅大门小、院墙完全、宅小六畜多、宅中水沟东南流。宅大人少，屋中空荡，会使人感觉冷清、空虚、孤寂；宅小人多，屋中充盈，是繁荣兴旺的表现。门大内小，透风漏气，既不温暖，也让人感觉不踏实；门小宅大，易于聚敛，既温暖，又让人感觉踏实。院墙不完，既不利于防止偷盗，又不能有效地保护隐私，院墙完全则能避免。井灶不全，无法生活，而且没有井水会产生污秽。地多屋少，容易荒芜，让人感觉家庭衰败。宅小六畜多类似于宅小人多。六畜指马、牛、羊、鸡、犬、猪六种家畜。六畜多有利于耕种、生活，带来盈余粮食，促进人丁兴旺、家庭繁荣。宅中水沟东

辋川十景图（局部） 明·仇英

南流指屋中的废水与积水向东南方向开沟排出。水向东南流是古人关于自然的认识论。《淮南子·天文训》曰："天倾西北，故日月星辰移焉。地不满东南，故水潦、尘埃归焉。"《淮南子·精神训》又曰："天地运而相通，万物总而为一。"由是观之，宅中水沟东南流是"天人合一"的具体实践。这当然是大吉大利。

在生活中置宅，还受主人的身份、职业、财富等的影响。官员置宅的核心是满足政治需求。唐玄宗时任中书令的崔沔，出身于博陵崔氏第二房。其高祖崔士约从博陵迁至关中，曾祖及曾祖的兄弟多人曾在隋朝为官。这说明崔家已在长安置宅定居。所以《旧唐书》记载崔沔为京兆长安人。唐睿宗曾任命崔沔为中书舍人，但崔沔因为洛阳的母亲生了病，就申请担任闲官，以侍奉母亲。这说明崔家已从长安迁至洛阳置宅定居。天宝年间，将作大匠康晋的住宅位于长安新昌里。康晋认为这个地方能出宰相，每次任命宰相"必引颈望之"。康晋死后，住宅为牛僧孺所得。长庆元年（821），牛僧孺出任宰相。唐宪宗至唐文宗年间，很多高官都将住宅安置在新昌里。这是对康晋看法的认可，盼望飞黄腾达的心理不言而喻。唐朝官员上朝的时间为五鼓（凌晨3点至5点）。为了节省时间及出行便利，很多人把住宅安置在皇城周围。开元、天宝年间，上朝的地点在长安东北部的大明宫和东部的兴庆宫，有153名官员便把住宅安置在皇城东部、西部及东市的周围。

商人置宅考虑的首要条件是市场繁荣与交通便利。长安、洛阳、扬州、益州等大城市集中了众多的商人，就是最典型的证明。有的商人为了谋取政治利益和更多的经济利益，选择与权贵为邻置宅。名将李晟在长安城内的住宅前，有一座"凶宅"。富商窦乂花钱将之买下，拆墙建园耕种。李晟看中窦乂的园子，想买下建球场，便派人询问窦乂，窦乂断然拒绝。一天，李晟休假，窦乂登门拜访，欲将宅子赠给李晟。李晟大悦，悄悄地说："不要某微力乎?"窦乂说："无敢望。犹恐后有缓急，再来投告令公。"过了一段时间，窦乂在东市、西市选出五六名巨商，问他们想不想让子弟在各地做官。巨商们大喜，表示只要办成，愿出钱两万贯。随后，窦乂带着巨商们子弟的名字拜访李晟，说他们都是自己的亲友。李晟欣然答应，为他们在富饶之地谋得要职。窦乂因此大赚一笔。

文人或者文人出身的官员在置宅时，往往考虑景致，将自己的情怀投射其中。长庆四年（824），白居易分司东都洛阳，买下京兆尹杨凭在履道里的宅第。根据《池上篇》的记载，此宅的环境优越："都城风土水木之胜在东南隅，东南之胜在履道里，里之胜在西北隅。西闬北垣第一第，即白氏叟乐天退老之地。"而且面积大、设施别致："地方十七亩，屋室三之一，水五之一，竹九之一，而岛、树、桥、道间之。"白居易增建粟廪、书库、琴亭以及桥、路等，并摆石种莲造景，此宅终成洛阳名园："十亩之宅，五亩之园。有水一池，有竹千竿。勿谓土狭，勿谓地偏。足以容膝，足以息肩。有堂有庭，有桥有船。"这里的生活"有书有酒，有歌有弦"，"妻孥（nú）熙熙，鸡犬闲闲"。白居易在其中徜徉驻足，"时饮一杯，或吟一篇"，自得其乐："优哉游哉，吾将终老乎其间。"唐宪宗时宰相崔群的宅第在白居易宅第的南边，"修篁迥舍，流水潺湲"。唐穆宗时宰相牛僧孺在洛阳归仁里有宅第，"嘉木怪石，置之阶廷，馆宇清华，竹木幽邃"，"常与诗人白居易吟咏其间，无复进取之怀"。

至于平民百姓置宅，考虑的多是现实需要。长安城内，城南离市场远，生活不便，居民很少，“烟火不接，耕垦种植，阡陌相连”。农民置宅通常临近田地、水源。描写农家的唐诗大都涉及山、水、田，即是例证。

唐人建宅有一套完整的仪式。建宅之前，要通过占卜看所选择的地点是否合适，称为卜宅或卜居。乾元三年（760），杜甫来到成都浣花溪。第二年，草堂在溪畔落成。杜甫诗曰：“卜宅从兹老，为农去国赊。”这说明成都草堂的选址经过了占卜。贞元元年（785），韩滉担任宰相。他的女婿杨於陵来到建昌（今江西永修）卜居而住，以读书、游山玩水为乐。卜宅之后，选定良辰吉日奠基、破土动工。建成时，举行上梁仪式，吟诵《上梁文》。建成后，择日迁入。迁入后，举行暖宅仪式。暖宅是一种庆贺仪式，类似于今天的稳居。天宝十载（751），安禄山在亲仁坊的豪宅落成。此宅是唐玄宗亲自下令修建，“但穷壮丽，不限财力”。安禄山进入新宅后摆设酒宴，上书邀请唐玄宗。唐玄宗本打算亲自去击毬，因故未成行，就派宰相赴宴。徐延琼是前蜀开国皇帝王建的舅舅，官居太师。他在成都应圣桥西的豪宅，“状若宫室，横亘数坊”。建成后，王建命令各个皇亲前去暖宅，自己也到场祝贺。天祐四年（907），唐朝灭亡，前蜀建立。两个朝代前后接续，故完全可以认为前蜀暖宅的习俗早已在唐朝通行。

为了避邪驱祸，唐人还有镇宅的习俗。镇宅的方法有数种：或在门口或屋内张贴、悬挂神符，或在门上画虎、豕等，或在门口立泥人，或用石头。

唐人的这些做法不乏迷信的成分，但也包含了对舒适、安稳生活的追求。有些做法一直延续到今天，成为习俗。

客至

杜甫

舍南舍北皆春水，但见群鸥日日来。

花径不曾缘客扫，蓬门今始为君开。

盘飧市远无兼味，樽酒家贫只旧醅。

肯与邻翁相对饮，隔篱呼取尽余杯。

译文

春天里，房子南边、房子北边的江河里都是涨满的水，只见一群群鸥鸟每天飞来。

花丛中的小路没有因为客人打扫，柴门今天才为您打开。

离街市远，盘子里没有好菜肴；家里贫穷，杯子里只有陈酒。

愿意与隔壁的老头一起对饮，就隔着篱笆喊他来喝完余下的酒。

第八章　出行

通达四方

天宝十二载（753），诗人李白到达兖州（今山东济宁），随后南下。不久，一个叫魏万的诗人来到兖州。魏万是李白的崇拜者，此行是为了见到李白。得知李白已经离开，魏万沿着大运河南下，追随李白而去。

大运河北至涿郡（今北京），南至余杭（今浙江杭州），是一条贯通南北的水道。但其中连接黄河与淮河的汴渠（又称通济渠）段、连接淮河与长江的邗沟段，非常容易淤塞。唐政府曾多次征发民工疏浚，在邗沟段开凿新河，并利用江南河流、湖泊众多的条件，引水进连接镇江与余杭的江南运河。另外，疏浚从余杭到宁波甬江入海口的浙东运河。这为大运河南北通畅提供了保证。天宝元载（742），陕州刺史韦坚利用隋朝广通渠的故道，开凿了一条新的连通渭水的漕渠，使通往长安的大运河变得快捷通畅。江南、江淮的粮食等物资，由此源源不断地运往长安、洛阳。宝应元年（762），户部侍郎兼京兆尹刘晏在一封给元载的信中，描述了大运河通畅带来的盛景："今舟车既通，商贾往来，百货杂集，航海梯山，圣神辉光，渐近贞观、永徽之盛。”

唐政府还开凿连通汉江、渭水的丹灞水道，疏浚连接关中和巴蜀的嘉陵江水道，治理连接珠江水系与长江水系的灵渠等。各大水系因此畅通，水路运输空前繁荣。长安三年（703），凤阁舍人崔融在给武则天的一份奏章中说：“天下诸津，舟航所聚，旁通巴、汉，前指闽、越，七泽十薮，三江五湖，控引河洛，兼包淮海。弘舸巨舰，千轴万艘，交贸往还，昧旦永日。”从开元二十二年（734）到二十四年（736）三年间，江淮运往关中的粮食总计七百万石。甚至连大运河上弹丸之地瓜洲，也因为水运繁荣，成为一个“舟航凑会”之地。

如果说水路交通受水源所限只能沟通水源地，那么陆路交通则如同蜘蛛网一般，密织在各个城镇之间。每个州县都有“八到”官路，通往其他城镇。例如，长安的“八到”，东至东都洛阳八百三十里，东至华州（今陕西渭南）一百八十里，东南至商州（今陕西商洛）二百六十五里，西南至洋州（州治先后在今陕西西乡、洋县）六百三十里，南取库谷路至金州（今陕西安康）六百八十里，正西微北至凤翔（今陕西宝鸡）三百一十里，西北至邠州（今陕西彬县）三百里，东北至坊州（今陕西延安）三百五十里，正东微北至同州（今陕西大荔）二百五十里。正是这些“八到”，构成了陆路交通网。有研究者据此推测，当时全国的官路总里程达到六七万里。

如此庞大的陆路交通网并非无章可循。唐朝实行两都制，陆路交通以京城长安、东都洛阳为核心，向四面八方辐射。在此基础上，形成了五条主要干线：（1）长安向西或西南，经过陈仓道

(又称故道、嘉陵道)、褒斜道、傥骆道(又称骆谷道)、子午道到汉中,由汉中经过金牛道、米仓道、洋巴道(又称荔枝道)等到蜀地;(2)长安向西北,经兰州到鄯州(今青海西宁)或凉州(今甘肃武威);(3)长安向东北到天德军(治所在今内蒙古巴彦淖尔),或经河东(今山西运城)到太原,从太原向北经代州(今山西代县)到朔州、幽州(今北京)或蔚州(今河北蔚县);(4)长安向东到洛阳,从洛阳向北到魏州(今河北大名)、向东到汴州(今河南开封),从汴州向北到幽州,从汴州向东北到登州(今山东蓬莱)、向东南到扬州,从扬州向南到余杭,从余杭向南到泉州(今属福建)、向东南经洪州(今江西南昌)等到广州;(5)长安向东南到襄州(今湖北襄阳),从襄州经潭州(湖南长沙)与衡州(湖南衡阳)到广州,从襄州经衡州到邕州(今广西南宁),或经江陵(今属湖北)到黔州(今重庆彭水)。

这些干线又与域外连接。在陆路,从蜀地成都可到南诏,从鄯州或凉州可到西域、吐蕃,从幽州经营州(今辽宁朝阳)可到东北地区,从朔州经云州(今山西大同)可到回纥。在海路,扬州、登州、泉州、广州等都是重要的港口。唐朝的国际贸易和国际交流得以繁荣昌盛,与它们密不可分。例如,广州每年都会迎来很多外国大型商船。其中,“师子国(今斯里兰卡)舶最大,梯而上下数丈,皆积宝货”。扬州是海外商品的集散地,北欧、北非、东南亚等地的商品到达此地后再转运至其他地区。外国人离开,也会带走丝绸、香料、瓷器等。

魏万追随李白的旅程,明显受益于这些发达的水陆通道。顺着大运河到达扬州后,魏万从邗沟渡过长江,来到杭州,接着又赶到越州（今浙江绍兴）。美丽迷人的江南风光吸引了魏万。游览数十天之后，魏万坐船出海，从海上航行至温州。随后，乘船一路游览，先后到达金华、苏州，再经太湖、长江，回到扬州。这一次，魏万终于见到了李白。见到“追星”的“粉丝”魏万，李白兴奋不已，分别时以长诗相赠，诗曰：“黄河若不断，白首长相思。”

此时是天宝十三载（754）五月。魏万已经走了近三千里，用时十个月。

蜀道难

李白

噫吁嚱，危乎高哉！
蜀道之难，难于上青天！
蚕丛及鱼凫，开国何茫然！
尔来四万八千岁，不与秦塞通人烟。
西当太白有鸟道，可以横绝峨眉巅。
地崩山摧壮士死，然后天梯石栈相钩连。
上有六龙回日之高标，下有冲波逆折之回川。
黄鹤之飞尚不得，猿猱欲度愁攀援。
青泥何盘盘，百步九折萦岩峦。
扪参历井仰胁息，以手抚膺坐长叹。
问君西游何时还？畏途巉岩不可攀。
但见悲鸟号古木，雄飞雌从绕林间。
又闻子规啼夜月，愁空山。
蜀道之难，难于上青天，使人听此凋朱颜。
连峰去天不盈尺，枯松倒挂倚绝壁。
飞湍瀑流争喧豗（huī），砯（pīng）崖转石万壑雷。
其险也如此，嗟尔远道之人胡为乎来哉！
剑阁峥嵘而崔嵬，一夫当关，万夫莫开。
所守或匪亲，化为狼与豺。
朝避猛虎，夕避长蛇；磨牙吮血，杀人如麻。
锦城虽云乐，不如早还家。
蜀道之难，难于上青天，侧身西望长咨嗟！

译文

唉呀呀，多么险峻多么高耸！

攀登蜀道的难度，比上蓝天还难。

蚕丛与鱼凫，建立蜀国的年代多么久远渺茫！

从那时至今四万八千年，才与秦地有人员往来。

西边太白山有鸟飞过的道路，可以越过峨眉山的顶端。

大地崩裂、山岭倒塌，蜀国五位壮士被压死，在这以后两地才有陡峭的山路与栈道连接。

上面有挡住太阳神六龙车的山峰，下面有激流回旋的大河。

善于飞翔的黄鹤尚且不能飞过，猿猴想翻过也发愁攀爬。

青泥岭（在今甘肃徽县）多么曲折盘旋，一百步之内环绕山峦转九个弯。

摸到参星、井星，仰头屏气不敢呼吸；用手按着胸，徒劳地长叹。

请问你到西边游历什么时候回来？艰险的道路、陡峭的山岩，难以攀登。

只见悲伤的鸟在古树上啼鸣，雄

鸟和雌鸟在森林里相随飞翔。

又听见杜鹃对着夜里的月亮啼鸣，哀愁充满空荡荡的山。

蜀道攀登的难度，比上蓝天还难，听到这些让人红润的脸色变哀伤。

山峰相连，离天不到一尺；枯槁的老松倒挂，靠着陡峭的山崖。

瀑布飞泻，争相发出轰响；冲击山崖、转动石块，像万壑鸣雷一般。

道路艰险到了这种地步，唉呀，你这个远方的人为什么来啊！

剑门关高大而且雄伟，只要一人把守，一万人也无法攻破。

镇守的人如果不值得信赖，就要变为豺狼。

早晨躲避猛虎，傍晚防范长蛇；它们磨牙吸血，杀死的人像乱麻一样多。

虽然说在锦官城（今四川成都）生活快乐，但不如早早地回家。

蜀道攀登的难度，比上蓝天还难，斜着身体向西望令人长长地叹息！

规则初创

宝应元年（762）六月，高昌（今新疆吐鲁番）县城的南门发生了一起严重的交通事故。

三十岁的康失芬受人雇佣，驾牛车往城外运土。在回城时，将八岁的男孩金儿、八岁的女孩想子碾成重伤。随后，康失芬被关进监狱。金儿的父亲史拂郍（nà）与想子的父亲曹没冒，分别向县府提起诉讼。县丞经过审问，查实案情：牛车是康失芬借来的；因为不熟悉牛的习性，在牛拉车奔跑时，康失芬没能勒住缰绳，导致撞伤两个孩子。康失芬没有推卸责任，请求判处自己“保辜”，给两个孩子医治。县令批准，在勾检官（检查是否贻误的官员）的监督下，县丞判处康失芬“保辜”，并由何伏昏等人担保；如果康失芬逃跑或者翻供，担保人代罪、受重杖二十。判决的第二天，康失芬获释。

这起严重的交通事故的处理过程，有三点值得关注：一是有专门的官员监督事故的处理、判决，二是原告、被告没有发生冲突，三是有针对事后逃避责任的处理办法。这说明唐朝官府在处理交通事故时，既能做到清楚明确，又能做到严谨公平。

康失芬提出的“保辜”，是古时一项保护受害者的法律制度，出现的时间不晚于西汉。在殴人致伤的案件中，如果受伤者在规定的期限内死亡，行凶者就会被判处重罪，称为保辜。唐朝保辜制度区分了不同伤害方式的保辜期限，较为完备：“诸保辜者，手足殴伤人，限十日；以他物殴伤人者，二十日；以刃及汤火伤人者，三十日；折、跌支体及破骨者，五十日。限内死者，各依杀人论；其在限外及虽在限内，以他故死者，各依本殴伤法。”用保辜制度处理交通事故，可见其是唐朝交通法规中的一项。

长安人口众多，出入城门时，车辆、行人等不分左右。贞观十一年（637），侍御史马周首次提出“城门入由左，出由右”，获得唐太宗批准实施。“入由左，出由右”是我国最早的“右侧通行”的交通规则，也是最早的有记载的交通规则。长安还实行宵禁制度：“五更三筹，顺天门击鼓，听人行。昼漏尽，顺天门击鼓四百槌讫，闭门。后更击六百槌，坊门皆闭，禁人行。”违背宵禁制度称为犯夜：“闭门鼓后、开门鼓前行者，皆为犯夜。”犯夜的惩罚是笞二十。例外的情况有两种：一是为公家之事需要出行的，一是私人吉、凶、疾病之类。这两种情况出行，都必须有官府开具的文书。如果在坊内通行，则不受限制。虽然这些是针对长安城的规定，但想必全国其他地区也会遵照执行。

在“右侧通行”之外，唐朝廷还制定了其他一些陆路交通的避让规则。在街巷、道路上，“贱避贵，少避老，轻避重，去避来”。官员之间，“三品已上遇亲王于路，不合下马”，“四品已下遇正一品，东宫官四品已下遇三师，诸司郎中遇丞相，皆下马”。如果遇到皇帝、官员等出行的队仗，不能干扰，“若有人冲入队间者，徒一年；冲入仗间，徒二年”。这些不仅仅是交通规则，更是森严的等级制度。

尽管避让规则清晰明了，争道抢行的事却屡见不鲜。天宝十载（751）正月，依仗杨贵妃受宠而得势的杨氏家族，在西市门夜游时，遇到广平公主。杨氏一名家奴与广平公主的随从争道，挥鞭打到了广平公主，广平公主坠马，其夫程昌裔下马搀扶，也挨了数鞭。广平公主向唐玄宗哭诉，唐玄宗下令杖杀杨氏的家奴，第二天又免了程昌裔的官职。杨氏家族的气焰嚣张，略见一斑。唐德宗时，李实任京兆尹。一日，李实在路上遇见侍御史王播。按照惯例，京兆尹见御史，应该到一旁避让。但是，李实就是不避让，开道的随从站立如故。王播责骂这名随从，李实大怒，上奏唐德宗，将王播贬为三原（今属陕西）令。李实专横跋扈，并没有好下场。唐顺宗即位后，将李实贬为通州（今四川达县）长史。长安百姓得知后，“争怀瓦石邀劫之”。李实害怕，趁夜里离开。唐文宗大和年间，御史中丞温造在街上遇到左补阙李虞。李虞没有避让，温造大怒，下令抓住李虞的侍从，鞭打其脊背十下。按照惯例，官员遇见宰相需避让，遇到其他官员则无须避让。左拾遗舒元褒等人以此为由弹劾温造，列举了他另外三件事：一是中书舍人李虞仲与温造相遇，温造将其开路侍从所骑的马拉走；知制诰崔咸与温造相逢，温造下令将他的随从抓走；温造出行，随从在两坊之外就喝道。吆喝让行人避让，称为笼街喝道或喝道，此前的惯例是在半坊外喝道。唐文宗裁决：官员路上相遇，互相行拜礼后各自离开，随从人员跟在官员的后面稍稍回避即可；从此以后，喝道不得超过三百步。其实，温造做官颇有声名，只是意气太盛而已。

上述这些争道抢行引发的冲突，没有在更大范围内造成影响。凤翔节度使李昌符因为与天威军都头杨守立争道，竟然举兵造反。光启三年（887）六月初六，两人在凤翔争道，手下的士兵互殴。在凤翔行宫的唐僖宗派太监劝说，无果。当天晚上，行宫戒备森严。第二天，李昌符率兵火烧行宫。第三天，杨守立与李昌符开战。李昌符战败，逃往陇州（今陕西陇县）。唐僖宗调扈驾都将李茂贞讨伐李昌符。八月，陇州刺史薛知筹投降李茂贞，李昌符被杀。不久，李茂贞任凤翔节度使。晚唐朝廷权威不再，军阀凭实力割据一方，动辄兵戎相向。李昌符是地方的实力大员，杨守立是禁军统帅，各握兵权，自然互相不服，也不听皇帝的劝说。李昌符因为争道而造反，是晚唐军阀势力膨胀的鲜活例证。

为了保护人身及财产安全，唐朝禁止车、马无故在街市及人群中行驶。凡是车、马无故在城内街巷及三人以上的人群中行驶者，笞五十；因此而伤人、损害财物者，也有相应的处罚。不过，处罚考虑了宽免（放宽并免除刑罚或租税等）的情况："若有公、私要速而走者，不坐；以故杀伤人者，以过失论。其因惊骇不可禁止而杀伤人者，减过失二等。"

船只在江河上行驶时，也有避让规则："或沿溯相逢，或在洲屿险处，不相回避，覆溺者多，须准行船之法，各相回避，若湍、碛之处，即溯上者避沿流之类，违者各笞五十。""溯上者避沿流"，即上行回避下行。这是我国最早的有记载的水上交通规则。另外，船只停泊时，必须停在码头内，并插上标志，以便来者观察。这样的标志可防止撞击，无异于今日的交通标志。

陆路也有交通标志。日本僧人圆仁到唐朝后，发现“唐国行五里立一候子，行十里立二候子。筑土堆，四角，上狭下阔，高四尺或五尺、六尺不定，曰唤之为里隔柱”。候子即堠子，也称堠、里堠、封堠，封土为台，每五里筑单堠、十里筑双堠，用于计算里程的数量和辨别方向。元稹诗曰：“开远门前万里堠。”句后诗人自注曰：“平时开远门外立堠，云去安西九千九百里，以示戍人。”开远门是长安西北方的城门。安西指安西都护府，治所在高昌。此堠表明长安到高昌九千九百里，接近一万里。韩愈诗曰：“堆堆路傍堠，一双复一只。”罗隐诗曰：“终日路歧旁，前程亦可量。”水路也有堠子。张籍诗曰：“去程江上多看堠。”柳宗元诗曰：“岸傍古堠应无数。”可见堠子在唐朝十分普遍。

元日楼前观仗

薛逢

千门曙色锁寒梅，五夜疏钟晓箭催。
宝马占堤朝阙去，香车争路进名来。
天临玉几班初合，日照金鸡仗欲回。
更傍紫微瞻北斗，上林佳气满楼台。
曈曈初日照楼台，漠漠祥云雉扇开。
星驻冕旒三殿晓，云翻珠翠六宫来。
山呼圣寿烟霞动，风转金章鸟兽回。
欲识普恩无远近，万方欢忭一声雷。

译文

黎明时众多的宫门外露出微亮的天色，笼罩着梅花；五更时钟声稀疏，漏壶的箭指向拂晓时刻，催促人们早行。

名贵的马挤在河堤上，向皇宫走去；华美的车抢路而行，向皇帝通报觐谒者的姓名。

皇帝来到玉饰的桌几旁，大臣刚刚排列好位次；阳光照射着仪仗竿上的金鸡，仪仗队伍准备撤走。

又依靠紫薇星，仰视北斗星；美好的云气充满上林苑的高楼。

刚升起的太阳明亮，照射着高楼；祥瑞的云气密布，雉尾扇展开。

星光停在皇帝的礼冠上，皇宫明亮起来；后宫的妃嫔们鬓发盛美，戴着珍珠翡翠的饰品到来。

众人高呼万岁，祝颂皇帝寿辰；风吹着大臣们带鸟兽图纹的服装翻动。

想记住普遍施与的恩惠没有远近之分；四面八方喜悦欢呼，像雷声响起。

马驴风靡

唐人受北方游牧民族的影响，普遍将马作为交通工具，骑马一度成为时尚。

官员平时出行，以骑代车。官员的级别不同，配备的马匹数量不同。一品官配八匹马，二品官配六匹马，三品官配五匹马，四品官、五品官配四匹马，六品官配三匹马，七品官以下配两匹马。武则天在位时，太子有一次祭奠先圣先师，有司打算让随从的大臣穿礼服骑马。左庶子刘知几谈古论今，建议骑马时不穿礼服。太子同意，并将这条建议定为制度。开元十七年（729）十一月，唐玄宗乘玉辂参谒祖陵，百官乘马侍从。年轻人尤其喜欢骑马。王建诗曰："黄花盖野田，白马少年游。"长安的贵族子弟还喜欢骑马逛街："金紫少年郎，绕街鞍马光。"唐朝皇帝、皇后、太子、亲王、官员所乘的车服有明确的规格、等级，不能僭越。乾封二年（667）二月，唐政府禁止工商业者乘马。事实上，这些禁令并不能得到严格执行。唐文宗即位后，认为四方车服僭制、奢侈，下诏规定没有官职者只准乘一种被称为蜀马的小马，并禁

清溪饮马图 唐·韩干

止商贾、庶人、僧人、道士乘马。由这些例子可见，唐朝骑乘之风极为盛行，不分身份、地位。

唐中宗之后，贵妇、宫廷女性骑马非常流行。画家张萱的作品《虢国夫人游春图》，描绘了虢国夫人与韩国夫人、秦国夫人等一行九人骑马游春的情景。虢国夫人进皇宫时也骑马。张祜诗曰："虢国夫人承主恩，平明骑马入宫门。"在花蕊夫人的眼中，宫女初学骑马娇媚可爱："殿前宫女总纤腰，初学乘骑怯又娇。上得马来才欲走，几回抛鞚抱鞍桥。"《新唐书》记载："宫人从驾，皆胡帽乘马，海内效之。"很显然，女性骑马的流行是胡风盛行的结果。安史之乱后，胡风渐逝，但女性骑马的现象依然存在。

骑马的流行直接带动了马球的兴盛。诗人阎宽的《温汤御球赋》记录了打马球激烈刺激的场面："珠球忽掷，月杖争击，并驱分镳，交臂叠迹。"月杖是一种头部弯如月的球杖。唐宣宗的球技十分高超："每持鞠杖，乘势奔跃，运鞠于空中，连击至数百，而马驰不止，迅若流电。"打球是长安富贵人家年轻人的日常娱乐之一，他们有专用的球衣："长拢出猎马，数换打球衣。"长庆四年（824），西川节度使杜元颖向唐穆宗进贡五百套罨（yǎn）画打球衣（彩绘球衣）。这不亚于今日运动员的比赛着装。

马还是唐政府传递公文与军事情报、运输物资等的重要工具，称为驿马。官员的级别不同，所乘驿马的数量不同："职事三品以上若王，四匹；四品及国公以上，三匹；五品及爵三品以上，二匹；散官、前官各递减职事官，一匹；余官爵及无品人，各一匹。"另外，六品以下前官、散官、卫官、省司差使，因为承担紧急任务需要加快速度，也可以乘马。如果超过乘马数量的规定，就要受罚："诸增乘驿马者，一匹徒一年，一匹加一等。"用驿马运送私人物品，也要受罚："一斤杖六十，十斤加一等，罪止徒一年。"为了保护驿马，绕道者、越过目的地者、不换马者都要受罚："诸乘驿马辄枉道者，一里杖一百，五里加一等，罪止徒二年。越至他所者，各加一等。谓越过所诣之处。经驿不换马者，杖八十。"

唐懿宗咸通年间，宦官杨玄翼看不惯参加科举考试的读书人骑马，下令让他们骑驴。读书人惹不起杨玄翼，只得作诗自嘲，以反击杨玄翼："今年敕下尽骑驴，紫轴绯毡满九衢。清瘦儿郎犹自可，就中愁杀郑昌图。"郑昌图系咸通十三年（872）进士，身材魁梧，骑体型偏小的驴确实难受。以他作为反击的标杆，倒是能吸引眼球。这也恰恰说明，读书人对骑马趋之若鹜的潮流。有一个例子可以反证此说。咸通十三年，诗人陆龟蒙隐居甫里（今江苏苏州角直镇），平时不骑马，而是带着茶灶、书、钓具等，乘船往来。陆龟蒙隐居，是逆读书人追求功名的人生目标而行。放弃骑马，是隐士拒绝潮流的应有之举。

贞元十四年（798），于頔（dí）任襄州刺史。友人冯定骑驴登门拜访。守门吏没有及时通报，冯定随即离开。于頔知道后很惭愧，下令鞭打守门吏，派人带着五十万钱，追上冯定道歉。冯定写信责备于頔显贵后傲慢无礼，把钱退回。守门吏不知冯定与于頔相熟，没有及时通报显然是因为看到冯定骑驴而断定其身份低贱。由此可知，驴贱马贵是当时社会的普遍看法。读书人好骑马的原因显而易见。这大概与今日有些人出门必驾豪车的心态一致。唐代宗时任宰相的元载在做官之前，十分穷困："贫无仆马，弊衣徒行于陈蔡。”个中之意，马乃是有所成就的读书人的标签之一，与驴贱马贵的看法相合。

骑马固然风流潇洒、张扬身份，但骑驴并不丢人。驴是隐士的出行工具。王建诗曰：“山客狂来跨白驴，袖中遗却颍阳书。”杜甫困守长安数载，郁郁不得志，曾作诗自嘲：“骑驴十三载，旅食京华春。”会昌二年（842），年过七旬的白居易与牛僧孺同宿把酒，回忆两人当年在长安华阳观的生活：“日暮独归愁米尽，泥深同出借驴骑。”孟浩然骑驴，在诗人唐彦谦心目中，“雪晴驴背兴无穷”。

诗人骑驴，还有助于激发文思。一天，贾岛骑着驴子作诗苦吟，在街上碰到京兆尹，因为思考诗作过于投入而没有避让。京兆尹大怒，将贾岛关进监狱很久才释放。此事有另外两个版本。一个版本说贾岛在长安的大街上骑驴作诗，一边想着把“僧推月下门”中的“推”改为“敲”，一边举手做出推、敲的样子。正在这时，驴子突然撞到了京兆尹韩愈，贾岛将自己想法告诉韩愈。韩愈认为“敲”字好，与贾岛当街论诗很长时间。另一个版本说贾岛骑驴吟诵“落叶满长安”，撞上了京兆尹刘栖楚，被关一夜后释放。孟浩然也经常骑驴，冒雪寻梅，曰：“吾诗思在灞桥风雪中驴背上。”

驴作为交通工具，在唐朝十分普遍。这可以从各地发达的赁驴业得到印证。在宋州（今河南商丘）、汴州到岐州（今陕西凤翔）之间，店肆众多，不仅酒食丰富，而且每家都有驴子租赁。日本僧人圆仁曾到海州（今江苏连云港）山中访寺，花钱雇了三头驴子。从盱眙（xū yí）到扬州时，他租驴子运送文书。

驴子还是官府驿站使用的交通工具，称为驿驴。唐朝法律中，有保护驿驴的条文。另外，唐人有骑驴击球的游戏，称为“驴鞠”。这些都与马的用途类似。

除马、驴之外，唐人主要的交通工具还有车、舆、船，并无特别之处。需要提及的是，唐朝有处罚船只超载、私载的规定：“诸应乘官船者，听载衣、粮二百斤。违限私载，若受寄及寄之者，五十斤及一人，各笞五十；一百斤及二人，各杖一百；但载即坐。若家人随从者，勿论。每一百斤及二人，各加一等，罪止徒二年……空船者，不用此律。”这些处罚措施不可谓不严厉，大概是因为水运对唐政府而言极其重要。

天山雪歌送萧治归京

岑参

天山雪云常不开，千峰万岭雪崔嵬。
北风夜卷赤亭口，一夜天山雪更厚。
能兼汉月照银山，复逐胡风过铁关。
交河城边鸟飞绝，轮台路上马蹄滑。
晻霭寒氛万里凝，阑干阴崖千丈冰。
将军狐裘卧不暖，都护宝刀冻欲断。
正是天山雪下时，送君走马归京师。
雪中何以赠君别，惟有青青松树枝。

㊢㊫ 译文

天山上空下雪的阴云终年不消散，高耸的千万座山岭白雪皑皑。

夜里北风卷过赤亭道口（在今新疆鄯善），天山一夜之间积雪更厚。

雪光同时具有汉时明月的明亮，照耀着银山碛（在今新疆托克逊）；雪花又追逐着北风，越过铁门关（在今新疆焉耆西）。

在交河城（在今新疆吐鲁番）的边缘，鸟都飞走绝迹了；在轮台（今属新疆）的路上，马蹄打滑难以行走。

昏暗的云气、寒冷的空气绵延万里，已冷冻凝结；纵横交错的背阳山崖上，挂起千丈长的冰凌。

将军身上穿着狐皮衣服，躺着也不暖和；都护佩带的宝刀坚硬，被冻得要折断。

正在天山下雪的时候，送你骑马回京城。

在雪中用什么赠送你表示告别呢？只有碧绿的松树枝条。

驿站棋布

天宝十五载（756）六月十三日黎明时分，天空中飘着细雨。七十二岁的唐玄宗带着杨贵妃、杨国忠、太子李亨等人，从长安禁苑西边的延秋门出城，仓皇地逃往蜀地。第二天，唐玄宗一行人来到马嵬驿（在今陕西兴平）。护驾将士停止不前，在杀死杨国忠之后，纷纷高呼："诸将既诛国忠，以贵妃在宫，人情恐惧。"于是，唐玄宗让太监高力士传令，赐杨贵妃白绫。一代传奇佳人就此香消玉殒。马嵬驿因此成为漫漫历史风云中一个显著的存在。

马嵬驿只是唐朝众多驿站中的一个。唐玄宗时期，全国有一千六百三十九个驿站，其中水驿（水路驿站）二百六十个，陆驿（陆路驿站）一千二百九十七个，既是水驿又是陆驿的驿站八十六个。通常每三十里设立一个驿站，但也会根据地势、水草的情况调整。陆驿分为七等，都亭配七十五匹马，第一等配六十匹马，第二等配四十五匹马，第三等配三十匹马，第四等配十八匹马，第五等配十二匹马，第六等配八匹马；地势险要及江南、岭南等地不适宜用大马的驿站，配备数量不等的蜀马。水驿分为三等，

牧马图（局部） 唐·佚名

事务繁多的配四艘船，事务少的配三艘船，事务更少的配两艘船。每个驿站设置一名驿长，陆驿每三匹马配一名驿丁，水驿每艘船配三名驿丁。

驿站的人员、马匹、船只及运行所需的费用不菲。它主要来自四个方面：政府的经费、田租、补贴及放贷生利。唐玄宗时期，“每年一小税，其率四十万贯,以供军国传驿及邮递之用”。这就是说，唐政府每年会给驿站拨四十万贯钱的经费。这些钱分配给一千六百三十九个驿站，平均每个不足三百贯。在此之外，驿站还有政府分配的驿田：“诸驿封田皆随近给，每马一匹给地四十亩。”按照这个数字，最大的驿站都享有三千亩驿田，第六等驿站也有三百二十亩驿田，不可谓不多。这些田除了供给马的饲料，就是租给农民耕种。元稹任同州（今陕西大荔）刺史时，在一篇奏章中提到佃户的租额：“其诸色职田，每亩约税粟三斗，草三束，脚钱一百二十文。”照此标准，出租驿田获得的粮食、饲料、现钱，完全可以作为驿站所需费用的补充。开元二十六年（738），长安县与万年县（今均属陕西西安）各拿出一千贯钱放贷，利息收入供驿站使用。咸通五年（864），唐懿宗赐湖南、桂州两道各三万贯钱，作为放贷的本钱。这两个例子既是政府给驿站补贴，又是驿站放贷生利。在安史之乱之前，驿长通常由驿站所在地区的富户充任。当驿站开支不足或出现损失时，就由驿长补贴。例如，唐律规定，驿马、驿驴死亡，由驿长赔偿。

大和二年（828），管城（今河南郑州）城外的新驿站落成。时任主客郎中的刘禹锡入住，写下《管城新驿记》。文中描述了新驿站的内外情形：“门衔周道，墙阴行桑，境胜于外也。远购名材，旁延世工，暨涂宣晳，瓴甓刚滑，术精于内也。蘧庐有甲乙，床帐有冬夏，庭容牙节，庑卧囊橐，示礼而不愿也。内庖外厩，高仓邃库，积薪就阳，峙刍就燥，有素而不忽也。主吏有第，役夫有区，师行者有飨亭，孥行者有别邸。周以高墉，乃楼其门。”从这段文字可知，新驿站位于大路旁，门楼宏伟，旗帜鲜明，四周有高墙，墙边栽种桑树；建筑使用名贵的木材，墙壁涂成白色，砖块坚硬光滑，十分精致；庭院环境优美，客房分等级、大小，陈设考究；有厨房、牲口棚，分别储存粮食和柴、草，还有供军队集体吃饭的亭子，供拖家带口的人居住的别邸。去除其中精致豪华的元素，可推断出唐朝驿站大致由活动区、住宿区、餐饮区、仓库区、牲口区五个部分组成。

管城新驿站的豪华程度比不上褒城驿。褒城驿位于七盘岭（在今四川广元）下、褒河边，号称驿站中“天下第一”。不仅建筑宏丽，“崇侈其驿，以示雄大”，而且风景迷人，“前有大池，楼榭甚盛”，还有竹林、梨树林，可以钓鱼、赏月、乘船游览。

有的驿站有楼，称为驿楼。元稹住在嘉陵驿时，曾登上驿楼：“嘉陵江岸驿楼中，江在楼前月在空。”薛能诗曰：“江涛千叠阁千层，衔尾相随尽室登。”诗人李群玉曾在一个江边的驿站与友人饯别：“别筵欲尽秋，一醉海西楼。”这既反映唐朝经济的繁荣，又说明奢侈之风盛行。

唐朝驿站的最高管理机构是兵部，采取军事化管理体制。在边疆地区，驿站甚至和烽火台、营垒合为一体。这意味着驿站的管理规定十分严格。只有紧急军务、京城各司有事、国事活动、各州有紧急大事、运输物资、官员赴任与患病、官员请假祭扫与奔丧等类事务，才可以使用驿站。而且使用驿站，必须有凭证——传符。传符有银质、铜质、纸质三种，在京城由门下省发放，在京城之外由留守及各军、州发放。从贞元八年（792）开始，既能往又能返的传符专门由门下省发放。纸质传符称为纸券，又称正券、符券等，逐渐取代银质、铜质的传符而普及。

有了传符，并不是想走多远就走多远，每天行走的里程的限制非常明确。在陆路上，乘马每天行走七十里，步行及乘驴每天行走五十里，乘车每天行走三十里。水路分逆流、顺流两种。如果是逆流，则重船每天行走三十里，在江上每天行走四十里，在其他水路每天行走四十五里；空船每天行走四十里，在江上每天行走五十里，在其他水路每天行走六十里。如果是顺流，轻船、重船同样，在河上每天行走一百五十里，在江上每天行走一百里，在其他水路每天行走七十里。这些限制并非固定不变。如果有重要或紧急的事务，行走的里程可达日行四驿、日行六驿、日行十驿（一驿三十里）。元和十四年（819）七月，唐宪宗在赦文中称："赦书日行五百里，布告天下，咸使知闻。"由此可知，每天行走的里程最高可达五百里。天宝十四载（755）十一月九日，安禄山在范阳（今河北涿州）起兵叛乱。六天后，在华清宫的唐玄宗得到消息。范阳与华清宫相隔三千里，传递消息的速度是日行五百里。这反映出唐朝的驿站传递空前发达。

驿站传递发达，信息传播、物资运输、人员流动就有了效率。这不仅能保证政令推行、经济发展、军事行动，还能促进文化交流。

杜甫十九岁时离家出游，一生漂泊，写下多首与驿站、驿路有关的诗作，如《龙门》《通泉驿南去通泉县十五里山水作》《舟月对驿近寺》《宿白沙驿》《双枫浦》等。驿站或驿路的题材，众多诗人都有涉猎，是唐诗中一个显著的现象。

白居易与元稹是莫逆之交，颇多互助、酬唱，靠的就是驿站传递。元稹在江陵生病，白居易寄药："已题一帖红消散，又封一合碧云英。凭人寄向江陵去，道路迢迢一月程。"元稹在通州（今四川达州）时困苦潦倒，白居易寄夏衣："浅色縠衫轻似雾，纺花纱袴薄于云。莫嫌轻薄但知著，犹恐通州热杀君。"两人"篇咏赠答往来，不以数千里为远"。唐宪宗元和年间，白居易为母守丧，元稹三度寄钱资助："三寄衣食资，数盈二十万。"白居易在江州（今江西九江）时，元稹寄衣料："湓城万里隔巴庸，纻薄绨轻共一封。"长庆二年（822），在长安的张籍将自己新作的二十五首诗寄给在杭州的白居易。白居易吟咏之后，转寄给在越州的元稹："坐到天明吟未足，重封转寄与微之。"元稹收到后，作诗相和。

驿站的墙壁都是白色的，有的甚至提供专门写诗的诗板。这使驿站成为题写、传播诗文的重要空间。元和四年（809），元稹任剑南东川（治所在今四川三台）详覆使，在骆口驿（在今陕西西安）的墙壁上看到多人题写的诗作："邮亭壁上数行字，崔李题名王白诗。"唐懿宗咸通年间，褒城驿已经风光不再。嘉州（今四川乐山）刺史薛能经过时，看到墙壁上元稹的题诗，感慨万千："鄂相顷题应好池，题云万竹与千梨。我来已变当初地，前过应无继此诗。敢叹临行殊旧境，惟愁后事劣今时。闲吟四壁堪搔首，频见青蘋白鹭鸶。"同时期，孙樵到达褒城驿，"视其沼，则浅混而茅；视其舟，则离败而胶；庭除甚芜，堂庑甚残"，完全是一幅破败的景象，与唐王朝何其相似乃尔！于是，孙樵借题发挥，直指晚唐吏治败坏，写下《书褒城驿壁》一文，题于墙壁上。

谁都不会想到，唐王朝的终结也是在一个驿站。一个驿站的荣衰，竟成了唐王朝命运的象征。

天祐二年（905）六月，梁王朱全忠（朱温）继杀死唐昭宗的九个儿子之后，将尚书左仆射裴枢、静海军节度使独孤损、右仆射崔远等三十余名大臣集中到白马驿（在今河南滑县）全部杀死，并投尸于黄河，史称白马驿之祸。重臣损失殆尽，唐王朝几近亡国。两年后，唐哀帝被逼将皇位禅让给朱全忠。至此，唐朝灭亡。

一朝风流，终被雨打风吹去。

水夫谣

王建

苦哉生长当驿边，官家使我牵驿船。
辛苦日多乐日少，水宿沙行如海鸟。
逆风上水万斛重，前驿迢迢后淼淼。
半夜缘堤雪和雨，受他驱遣还复去。
夜寒衣湿披短蓑，臆穿足裂忍痛何！
到明辛苦无处说，齐声腾踏牵船歌。
一间茅屋何所值，父母之乡去不得。
我愿此水作平田，长使水夫不怨天。

译文

苦啊，生长在驿站的旁边，官府命令我去拉驿站用的船。

辛苦的时候多，欢乐的时候少；在船上过夜，在泥沙上行走，像海鸟一样。

顶着风向上游走，船有万斛重；前面的驿站仍然遥远，后面的水面无边无际。

半夜里冒着雪和雨，沿着河堤走；受到差役的驱使，回来了又要去。

夜里寒冷，衣服潮湿，披上短蓑

衣；胸磨破了，脚冻裂了，疼痛怎么能忍受呢！

天亮后辛苦没有地方诉说，只好齐声地边走边唱拉船歌。

一间茅草屋能值多少钱，只是家乡不能离开。

我希望这河水变成平整的良田，永远让纤夫不再抱怨上天。